Lacy Kornitzer

Über Destruktivität

Eine essayistische Einmischung in die
inneren Angelegenheiten Ungarns

Suhrkamp

Die Recherchen für dieses Buch wurden gefördert durch das Grenzgänger-Programm der Robert Bosch Stiftung und das Literarische Colloquium Berlin.

Der Text »Horthy, von Beruf Reichsverweser« wurde unter dem Titel »UNGARN. HORTHY« in *Lettre International* (Nr. 104, 2014) abgedruckt und für die vorliegende Ausgabe durchgesehen.
Das Márai-Zitat auf S. 25 folgt der Ausgabe *Ami a naplóból kimaradt* [Was nicht in den Tagebüchern steht], die 1998 bei der Vörösváry Publishing Company Toronto erschienen ist.

Dieses Buch wurde klimaneutral produziert.

Klimaneutral
Druckprodukt
ClimatePartner.com/14438-2110-1001

Erste Auflage 2022
edition suhrkamp 2778
Originalausgabe

Satz: Satz-Offizin Hümmer GmbH, Waldbüttelbrunn
Druck: C.H. Beck, Nördlingen
Umschlag gestaltet nach einem Konzept von Willy Fleckhaus: Rolf Staudt
Printed in Germany
ISBN 978-3-518-12778-0

www.suhrkamp.de

*Die menschliche Tat par excellence
ist die Einigung.*
Ortega y Gasset

*Ich weiß nicht, warum das Leben einem
immer Lektionen erteilt, wenn man
rein gar nichts damit anfangen kann.*
Oscar Wilde

Vorbemerkung

Die nachfolgenden Texte sind nicht besonders manierlich. Sie verstoßen nicht direkt gegen den Kanon, dem es darum geht, politische Ereignisse kritisch zu kommentieren, doch sie gehen ihm von Fall zu Fall aus dem Weg im Sinne einer versuchsweise seriösen Entgegnung auf die totale Unseriosität. Auch das vorangestellte Motto ist bloße Erinnerung an eine Zeit, in der Einigung möglich war, an Zeiten, in denen sie möglich schien, und an eine Zeit, in der sie wieder möglich sein sollte. Für den Moment aber ist Ortega y Gassets Sentenz im gegebenen Kontext reine Utopie, weshalb sie natürlich nicht weniger gültig ist. Oscar Wilde zitiere ich, weil er Oscar Wilde ist, außerdem hätte er sein Werk *De Profundis* für das heutige Ungarn genauso gut schreiben können wie vor 125 Jahren.

Der Grund dafür, dass Einigung sich ausschließt, liegt jedenfalls nicht an der Europäischen Union, sondern an Ungarn. Es könnte irgendwann auch an der Europäischen Union liegen, wenn sie denn eines glücklosen Tages selbst den Weg Ungarns einzuschlagen, dem ungarischen Modell zu folgen gedenkt. Doch dafür gibt es keinerlei Anzeichen; kritische Worte verhallen zwar beim Adressaten, doch immerhin fallen sie.

Dass Ungarn heute, mit seinen Gesetzen und seiner seit zwölf Jahren betriebenen Politik, keine Aufnahme in die Europäische Union gefunden hätte, ist mittlerweile ein offenes Geheimnis. Der Einwand, es träfe empfindlich nur die ungarische Bevölkerung, wenn man die gigantischen Geldflüsse nach Ungarn stoppte, solange Orbán an der Macht ist und sie missbraucht, ist zwar freundlich gemeint, beruht jedoch auf einem Missverständnis. Denn die Bevölkerung Ungarns sieht praktisch nichts von diesem Geld, sie partizipiert nicht daran.

Ein Gedanke George Orwells aus einer noch nicht ganz vergangenen Zeit verweist auf die Lage: »Man kann nicht rein ästhetisches Interesse an einer Krankheit nehmen, an der man stirbt; man kann nicht gefühllos gegenüber einem Mann sitzen, der einem gerade die Kehle durchschneidet. In einer Welt, in der Faschismus und Sozialismus gegeneinander antraten, musste jeder denkende Mensch Position beziehen.«

Heute findet der Kampf zwischen Demokratie und Faschismus statt, einem Faschismus in jener zwar längst nicht ganz harmlosen, aber noch nicht tödlichen Variante, wie die ungarische Politik sie bietet. Faschismus als das genommen, was er ist: eine Form von radikalem, autoritärem Nationalismus, eine rechtsextreme Ideologie. Die trifft man nicht nur in Ungarn an, was aber das, was man in Ungarn antrifft, nicht besser macht. Zudem hat sich Ungarn als erstes Land in der Europäischen Union mit seiner speziellen Form von Diktatur hervorgetan, es war und ist Vorreiter und Taktgeber für eine allenthalben bedrohliche Entwicklung.

Es gibt Situationen, da es kein Nachteil ist, sogar geboten, einen Politiker wissen zu lassen, was man von ihm hält. So war es bei Trump. So ist es im Fall von Viktor Orbán, gleicherweise eine Figur ohne jede Selbstwahrnehmung und ohne Gespür für das, was die Welt wirklich braucht; beiden scheint ihr Instinkt die erfolgreiche Wiederkehr totalitärer Staatslenkung zu versprechen. Beide verschaffen ihren unbewanderten Familienmitgliedern wichtige politische Positionen, beide hysterisieren ihr Land, das von inneren und äußeren Feinden umgeben sei. Trump mit dem Slogan »America First«, der Name einer profaschistischen Bewegung in den USA der 1930er Jahre, und Orbán mit der Wiedererrichtung des Ständischen und eines korrupten autokratischen Systems aus der gleichen Zeit. Vermeintliche Weltpolitik und Provinzialität gehen eine Liaison ein. Mal möchten sie Freund sein, mal Feind, und man weiß nicht, was schlimmer wäre. Die von Orbán betriebene irrationale Politik gegen sein Land und gegen die Europäische Union erregt Abscheu. Denn sie ist ein Affront gegen alles, was Europa ausmachen könnte. An der deutlichen Reaktion, den Affront mit Affront zu beantworten, soll auch hier nicht gespart werden. Ich gehöre zu denjenigen, die Orbáns politische Geschäfte als persönliche und intellektuelle Beleidigung auffassen. Denn Orbáns Angriffe auf die Ideen der Europäischen Union gelten nicht nur ihr als Institution, sie gelten auch allen Bewohnern dieser Union. Man sagt, dass auch Politiker nur Menschen seien; persönlich Stellung zu beziehen, erscheint mir die einzig angemessene Reaktion auf Viktor Orbán und seine Machenschaften.

Ich bin in Budapest geboren. Also spreche ich Ungarisch, theoretisch zumindest, denn praktisch lehne ich eine Sprache ab, die sich erneut faschistisch, radikal-nationalistisch infizieren lässt. Das Buch ist nicht aus Interesse an Orbán entstanden, sondern aus Interesse am Fortbestand der Europäischen Union.

Berlin ist mein Land und meine Stadt. In jungen Jahren bin ich, obwohl ich nach Portugal wollte, hier gelandet, in Westberlin, nachdem ich aus Ungarn geflüchtet war wegen des damaligen Systems, der depravierten Auslegung von Sozialismus, wegen des Eingesperrtseins nicht nur im Land, sondern auch in starren Verhaltensregeln. Inzwischen hätte ich viel mehr Gründe als damals, aus Ungarn zu fliehen. Nach einer ersten Phase der Unrast in Westberlin, die kaum mehr als zwei bis drei Jahre dauerte, dachte ich eher zärtlich an Ungarn und meine Zeit dort zurück, an meine Kindheit, die glücklich war. An die Freunde, an die Freundinnen. Meine Eltern schienen mir, sobald ich einen Blick dafür hatte, oft bedrückt, still, zu sehr in sich gekehrt. In dieser merkwürdigen Verhaltensweise steckte zugleich viel Liebe, an der ich teilhatte. Sie lasen viel, hörten viel Musik, die Musik, zumeist dramatische Klassik auf Schallplatten, aber auch Schlager aus Frankreich und Italien, oder Pop, war dann laut aufgedreht. Manchmal tanzten sie in der Wohnung, nippten dabei an einem Rotwein aus Portugal. Wie mein Vater zum portugiesischen Wein kam, verriet er nie. Dieser Wein war im Ostblock so etwas wie ein Luxusgut, dabei waren wir keineswegs privilegiert, im Gegenteil. Der ruhige Humor meiner Eltern war bestechend, eine Kompensation der schlummernden Bedrückung. Wenn ich Freunde besuchte, erlebte ich eine ähnliche Stimmung. Große Lebendigkeit inmitten von unterschwelliger Trauer. Nur in den Tanzlokalen ging es befreit zu und war es wie überall auf der Welt, man trank billiges Bier, begehrte hübsche Mädchen, tanzte wild. Während in einer dunklen Ecke des riesigen Saals oder vor dessen Eingang zehn, zwanzig Typen sich fast zu Tode prügelten.

Draußen auf der Straße und in öffentlichen Einrichtungen war es, als seien Vorsicht, gegenseitige Belehrung und Kontrolle das Gebot, als stünden die Menschen unter Aufsicht. Wenn die Masken einmal fielen, ging man förmlich aufeinander los. Leise Freundlichkeit wechselte sich mit lärmender Rohheit ab. Alkoholismus, Selbstmorde. Der Krieg war längst vorbei, aber die faschistischen und stalinistischen Ablagerungen bestimmten den Alltag in der Schule, auf der Arbeit. Lehrer, die keinen selbständigen Gedanken duldeten, Abteilungsleiter, die brüllten. Politiker, die beschwichtigten und Gesetze erließen, die kaum einer kannte, aber alle fürchteten. So erging es der Mehrheit. Die wenigen anderen – wohlhabende, mächtige Leute, die es ja gab – scherten sich nicht darum, trugen ihren materiellen Glanz und ihre Arroganz zur Schau. Rigorosität, Kalter Krieg, innerhalb und außerhalb des Landes. Die hier nur skizzierte Stimmung von damals ist heute in kräftigen Strichen zurückgekehrt, mit dem Unterschied, dass plumpe Schmeichelei die Freundlichkeit abgelöst hat.

Auf dokumentarische oder historische Quellen zu dem, worüber hier berichtet wird, habe ich mich nur selten gestützt. Die eigentliche, entscheidende Quelle bildet meine jahrelange Beobachtung der in Ungarn betriebenen politischen Abwicklung der Moderne. Dabei ließ sich nicht vermeiden, in manche Beschreibungen mentalitätsbedingte Momente einfließen zu lassen. Ein, zwei Sätze, Gedanken aus der Weltliteratur unterstützten die eingeschlagene Richtung, fanden, bisweilen abgewandelt, auch den Weg in dieses Buch. Sie erlaubten es mir, noch präziser in Ungarns politische und mentale Verheerungen einzudringen.

Nicht lange nach Orbáns zweiter Machtübernahme, vor rund neun Jahren, habe ich angefangen, über seine Politik zu schreiben. Schon damals trat in aller Deutlichkeit zutage, wohin sie führen würde. Eine Zeit, in der Hunderte von Gesetzen in rasanter Abfolge geändert und neue erlassen wurden, zugunsten seines Machterhalts und zur Ausschaltung all derer, die dieser Methode ablehnend gegenüberstanden, eine Methode, die unter den Nazis in Deutschland, Marschall Pétain in Frankreich, Mussolini in Italien angewendet worden war. Es ging so schnell, dass ich das Gefühl hatte, nicht Schritt halten zu können. Was ich an einem Tag schrieb, war am nächsten überholt. Nach etwa einem Jahr gab ich zermürbt auf; zunächst hatte ich vor, die Arbeit nach einer größeren Pause fortzusetzen, bis ich begriff, dass ich mich in dieser Form mit dem deprimierenden Thema nicht mehr auseinandersetzen wollte. Ich war angeödet, angewidert von Ungarn und von der Erkenntnis, dass sich dort kaum einer rührte gegen die für die Zersetzung Verantwortlichen. Keine Beate Klarsfeld weit und breit. Anfangs hieß es in der ungarischen Öffentlichkeit, Orbán und seine Regierung seien *totale* Dilettanten, ein kulturelles Problem, Personen von niedrigem Bildungsstand und niedriger Gesinnung, schlecht ausgebildete Aushilfskräfte. Heute sagt man das nicht mehr, obwohl sich an diesem Befund im Laufe der Zeit kaum etwas geändert hat, man hat sich bloß daran gewöhnt.

Vor kurzem habe ich die Arbeit an dem Buch wieder aufgenommen, ohne jedoch auf das vormals Geschriebene zurückzugreifen. Ich fing neu an, anders, ohne jedoch etwas Neues zu schreiben. Es gibt keine überraschenden Entwicklungen mehr, die *Grunddinge* haben sich manifestiert. Zwar werden nach wie vor neue Bestimmungen, Maßnahmen und Gesetze erlassen, aber der Boden für sie ist längst schon bestellt.

Ópusztaszer ist ein beschaulicher Ort in beschaulicher Landschaft, an dem die ersten Ungarn nach einem langen Marsch durch halb Asien und zahlreiche Verwüstungen hinter sich lassend plötzlich innehielten und die Augen hoben. Sie sahen, was sie sahen, und es gefiel ihnen gut. Es waren sieben Männer, lauter Wesire auf sieben Pferden, und so beschlossen sie, eine Kleinigkeit zu essen und zu trinken. Einer von ihnen gönnte seinen Augen ein kurzes Herumschweifen und da tat sich rechts von ihm ein mittelgroßes U auf, und er verstand, dass dies keine Utopie war, sondern das baldige Ungarn. Diese Entdeckung behielt er einstweilen für sich und ließ die anderen im Unklaren. Noch während sie die Erfrischungen verzehrten, entschieden sie einhellig, dass sie gekommen waren, um zu bleiben. Eine gewagte Entscheidung, aber immerhin. Der Visionär, der mit dem U, konnte in der folgenden Nacht nicht schlafen, setzte sich auf sein Pferd und trabte leise ein wenig herum. Da hörte er ein Wimmern. Er ging dem ihm bisher unbekannten Geräusch nach und ein paar Sträucher weiter fand er eine junge Person, die traurig dalag unter einem Baum mit einer sattreifen Frucht. Wie er herausfand, besaß das fremde Wesen andere Formen und Maße als er, war landschaftlich anders ausgestattet. Er gab ihm den Namen Weib und flüsterte ihm mannhafte Worte des Trostes zu. Sekunden später war er dann ein zweites Mal gekommen und so fort. Es enstanden zahlreiche Kinder, die die ersten Regierten genannt wurden.

Schwer zu sagen, wann dieses Ereignis sich zugetragen

hat. Laut Orbán war es zu Anbeginn der Zeiten, die Bibel hält sich mit Aussagen zu dieser Gegend zurück, auch Thukydides hüllt sich darüber in Schweigen. Eingeschüchterte ungarische Forscher freilich, die niemandem wehtun wollen, deuten vorsichtig an, dass die Ankunft der ersten Landsleute gegen 17.05 Uhr am Donnerstag voriger Woche vor exakt 1024 Jahre erfolgt sei.

Die derzeit letzten Landsleute, Regierungsmitglieder und ihr beifälliges Publikum, lauschten ebendiese 1024 Jahre später einer blumigen Rede, in der es diesmal nicht um revanchistisch-völkisch-nationalistische Belange ging, nicht darum, dass es von besonderer Bedeutung sei, Ungar zu sein, und nur ein Ungar sich Ungar nenne dürfe, auch nicht um die Bedrohung durch bekannte Herrscher in West und Ost, die den Plan hegten, mit einer unüberschaubar großen Entourage in das Land einzufallen. Diesmal ging es um essentiellere Symbole der Leere wie Entstehung und Ewigkeit.

Hier zum versammelten Volk zu sprechen ist ein Leichtes. Hier wird nicht gehört, was gesagt wird, sondern dass gesprochen wird, der Redner wird geliebt, und das reicht schon für eine ganze Legislaturperiode, womöglich auch für die darauffolgende. Ein gutes Leben im sicheren Hafen, der hier Puszta heißt, direkte Demokratie an der frischen Luft.

Minuten, Stunden, Tage, Wochen, Monate, Jahre, Jahrzehnte und Jahrhunderte sind seit der oben beschriebenen Landnahme vergangen, doch die Erinnerung an das Glück jener fernen Zeit ist lebendig und die aus ihr geschöpfte Leitidee stets verfügbar. Einer der heute Regierten begehrt gegen das von allen Seiten drohende Miasma auf und bezieht als Künstler Stellung durch sein neuestes Werk, einen Turul, eine schaurige Vision hoch oben in den Lüften.

Der Turul, eine Art überdimensionaler Adler, gilt als ungarisches Fabelwesen, doch in Wirklichkeit ist er ein namhaftes osmanisches Fabelwesen. In Ermangelung einer besseren Idee hat Ungarn ihn von den Osmanen auf Dauer ausgeliehen. Den Höhepunkt seiner Karriere erlangte er in der Zwischenkriegszeit als prägendes Symbol der ungarischen Faschisten und Nazis. Dieser besondere Vogel fliegt im Himmel über der Erde. Wenn er sich ausruht, und das kommt vor, sitzt er auf einem hohen Felsen oder einem hohen Baum und nur ganz selten auf einer Wäscheleine. Der ungarische Turul sitzt als bronzene Skulptur auf Bergspitzen und Wiesen, in Tälern, Städten und Dörfern, und er hält ein gut gearbeitetes Schwert mit der nach links weisenden Spitze zwischen den Krallen. Schwer zu sagen, ob er beschützend oder gereizt Richtung Westen blickt, er demonstriert mindestens Kampfbereitschaft. Diesmal platziert auf einem mehrere Meter hohen Sockel, misst der nun zur Einweihung bereitgestellte Turul mit ausgebreiteten Flügeln 7,5 Meter. Der Körper zwischen den Flügeln ist 2 Meter lang und 1,40 Meter breit, der Schnabel misst 58 Zentimeter, der Durchmesser der Augen beträgt 9 Zentimeter, sein Gehirn hinter der niedrigen Stirn hat ein Volumen von einem Kubikmillimeter. Das Denkmal hat der ukrainische Bildhauer Péter Matl als Angehöriger der ungarischen Minderheit jenseits der Schengengrenze Ost erschaffen. Unzählige ähnliche Werke von ihm sind im Laufe der Zeit in Ungarn und im Westen der Ukraine hinter der ungarischen Grenze entstanden, in Erinnerung an die Zeit vor Trianon und in Erinnerung an die Zeit nach Trianon. Gefallene und aufsteigende Engel, stabile Teufel et cetera.

Unter diesem Vogel bringt sich nun der Ministerpräsident in Stellung und lädt, wortgewaltig, tatkräftig, inbrünstige Landsleute zur Flächenstudie rührender Debilisierung.

»Guten Tag, verehrte Damen und Herren. Mitglieder starker Nationen halten zusammen. Anlässlich der Enthüllung dieses neuen Denkmals der nationalen Zusammengehörigkeit hier in Ópusztaszer möchte ich ein paar Worte an Sie richten. Wir sind dem Künstler zu Dank verpflichtet. *Applaus*. Das Denkmal sehen wir, nun möchten wir auch ihn, den Künstler sehen, Herrn Matl, bitte, Herr Matl, kommen Sie hierher zu mir auf das Podium.

Gestatten Sie mir, verehrte Damen und Herren, all jenen zu danken, die zum Ruhm dieses Denkmals beigetragen haben und den Künstler unterstützten, es zu erschaffen. Ich sage nur einen Namen, den von Herrn Staatssekretär Naszvadi, dessen unsichtbare Hand im Hintergrund nach zahlreichen anderen Angelegenheiten unseres Landes auch die Entstehung dieses monumentalen Werkes gelenkt und die Mittel dafür aus dem arg löchrigen Staatshaushalt geschickt abgezweigt hat, um es mit einem kleinen Witz zu sagen. *Applaus*.

Der Turul ist das Urbild der Ungarn. Wir sind in ihn hineingeboren wie in unsere Sprache, in unsere Geschichte. Dieses Urbild gehört zu unserem Blut und unserem Vaterland. Von dem Moment an, da wir als Ungarn auf die Welt kommen, unser König Sankt Stephan den Staat gründet, unsere Heere in der Schlacht bei Mohács geschlagen werden und der Turul das Symbol für uns Ungarn heute, gestern und vorgestern, für die von uns gegangenen und die einst auf die Welt kommenden Ungarn, kurzum das Symbol unserer nationalen Identität ist, von dem Moment an geloben unsere sieben Stämme den Blutsbund.

Verehrte Damen und Herren, wer sein Leben der Politik opfert, muss die Zeichen lesen können. Um zu regieren, ist die Fähigkeit, die Zeichen zu erkennen, unentbehrlich. Wer regiert, weiß, dass alle Zeit vom Schicksal bestimmt ist. Er liest die Zeichen und weiß, wann sie ihn zu sprechen gebieten, und wann sie gebieten zu schweigen. Heute, am Tag des heiligen Michael, spreche ich zu Ihnen. Der Tag des heiligen Michael ist der Tag der Inventur. Nach altem Brauch legen die Hirten an diesem Tag Rechenschaft ab über das ihnen anvertraute Vieh. Bei uns sagt man, dass am Tag des heiligen Georg, wenn alles wächst und sprießt, ein jeder Hirte sein darf, am Tag des heiligen Michael jedoch, wenn die Erfassung ansteht, ist es nur der Hirte, der abrechnet. Beide, der Politiker und der Landwirt, sind gleichermaßen Hirten, beide müssen sie über das ihnen Anvertraute Rechenschaft ablegen.

Verehrte Damen und Herren. Wir sind zusammengekommen, und im Allgemeinen enthüllen wir Denkmäler, um Antworten zu suchen auf Fragen, die da lauten, wer wir Ungarn sind, was uns miteinander verbindet, was es ist, was jeder für sich tun muss und was wir gemeinsam für einander tun müssen. Nun ist uns die Parabel des guten Hirten wohlbekannt. Des guten Hirten, der nicht seelenruhig am Feuer herumsitzt, denn er möchte endlich Rechenschaft ablegen über das ihm Anvertraute, und der, wenn er von seinen hundert Schafen ein Schaf verliert, die neunundneunzig anderen in der Puszta stehen lässt und sich auf die Suche macht nach diesem einen, so lange, bis er es findet. Und wenn er das verlorene Schaf gefunden hat, hievt er es sich in einem Schwung über die Schulter, geht so nach Hause, trommelt seine Freunde und Nachbarn zusammen und spricht zu ihnen folgendermaßen: Freut euch mit mir, denn ich habe mein entlaufenes Schaf gefunden. Ich bin heute zu Ihnen gekommen, meine Damen und Herren, um Rechenschaft abzulegen, wir alle sind zusammengekommen, um Rechenschaft abzulegen über das, was uns anvertraut worden ist. Und, meine verehrten Damen und Herren, meine Freunde, wir können uns heute ruhig in die Augen sehen und sagen, lasset uns freuen, denn wir haben unsere verlorenen Schafe gefunden.

Verehrte Damen und Herren, dieses Denkmal, das wir heute am Tag des heiligen Michael einweihen, ist das Denkmal der nationalen Zusammengehörigkeit. Es gemahnt uns, dass jeder einzelne Ungar allen anderen Ungarn Rechenschaft schuldet. Die ungarische Weltnation – denn die Grenzen des Landes fallen nicht in eins mit den Grenzen der Nation, zudem sind Millionen aus unserem tausendjährigen Lebensraum hinaus in alle Welt verstreut – hat den Auftrag, unsere Zusammengehörigkeit zugunsten einer starken politischen Gemeinschaft zu festigen. Heute streiten zwei Traditionen, zwei Auffassungen, zwei Ideensysteme, zwei Herzen in der ungarischen Politik. Das eine Herz weist die nationale Homogenität zurück, das andere erachtet sie als sein Hauptanliegen. Das eine verzichtet auf die verlorenen Schafe, das andere sucht sie unablässig. Das eine wendet sich gegen den nationalen Zusammenhalt, das andere baut ihn auf. 2010 sagte die überwältigende Mehrheit der Ungarn Ja zur nationalen Kooperation. Die neue Regierung begann mit der verfassungsrechtlichen Neuordnung Ungarns und kämpfte für die Erhaltung von Arbeitsplätzen und Wohnräumen der Menschen. Doch die größte Aufgabe bei alldem war es, eine neue Nationalpolitik zu schmieden, deren Fundament wir 2001 gelegt haben, indem wir ein Staatsbürgerschaftsgesetz verabschiedeten, das es unseren Landsleuten außerhalb unserer Landesgrenzen ermöglichte, wieder einen Ausweis in ungarischer Sprache zu erhalten. In diesem Sinne wurde das Gesetz zur nationalen Zusammengehörigkeit vom Parlament verabschiedet und der 4. Juni zum Tag der nationalen Zusammengehörigkeit ernannt. Ab dem Jahr 2010 erweckten wir mit dem Programm JETZT ABER die ungarisch-ungarische Zusammenarbeit zu neuem Leben. Mit der Gründung des Rates Ungarische Diaspora eröffneten wir den Dialog mit dem Ungarntum in der Diaspora. Durch eine vereinfachte Regelung erweiterten wir den Rahmen für die ungarische Staatszugehörigkeit, und dank dieser Maßnahme kamen bis jetzt bereits 320000 Menschen außerhalb unserer Staatsgrenzen in den Genuss der ungarischen Staatsbürgerschaft. Wir haben eine neue Verfassung für Ungarn geschaffen, in der das Programm der Vereinigung der Nation einen prominenten Platz einnimmt.

Verehrte Damen und Herren, der Tag der nationalen Zusammengehörigkeit erzählt von uns, von jenen Ungarn, die allen Ungarn gegenüber Rechenschaft ablegen. Dieses Denkmal steht für die Botschaft, dass es nur ein einziges Vaterland gibt, und zwar jenes, das in der Lage ist, alle Ungarn diesseits und jenseits der von Trianon bestimmten Grenzen zu einer einzigen Gemeinschaft zu vereinigen. Heute ist der Tag des heiligen Michael. Die Schrift sagt uns das Folgende, ich zitiere: ›Da begann der Kampf im Himmel: Michael griff mithilfe seiner Engel den Drachen an. Der Drache und seine Engel wehrten sich, konnten sich aber nicht verteidigen und es blieb nun kein Platz mehr für sie im Himmelreich. Der Drache ward hinuntergestoßen, der große Drache, die Urschlange, die selbst der Teufel ist, der Satan, der die ganze Welt verführt. Er wurde zur Erde gestoßen, und mit ihm zusammen fielen auch seine Engel.‹ Zitatende.

Meine verehrten Damen und Herren, wir wissen nicht um die Mittel des Kampfes, kennen nicht seine Umstände, wir kennen nur seinen Ausgang. Für Satan gab es keinen Platz mehr, keinen Ort, denn Michael, der die Liebe, die Pflicht und das Heitere verkörpert, ließ ihm keinen Platz.

Verehrte Damen und Herren, uns Ungarn von der nationalen Zusammengehörigkeit ist es auferlegt, mit unserer eigenen Liebe, Pflicht und Heiterkeit alles Üble und alles Auseinanderstreben aus dem ungarischen Leben zu verbannen. Meine verehrten Damen und Herren, wer die Zeichen lesen kann, soll sie lesen. Eine Welt neuer Gesetze bewegt sich auf den europäischen Kontinent zu. Das erste Gebot dieser sich formierenden neuen Welt lautet: Die Schwachen werden zerfallen, das heißt, die Mitglieder starker Nationen verbinden sich, schwache Nationen fallen. Ich wünsche allen Ungarn ein gutes Gehör, und sollen sie die Zeichen lesen!

Vorwärts Ungarn, vorwärts Magyaren!«

Applaus brandet auf, Orbán tritt vom Podium, lächelt im gedämpften Tumult der Jubelnden, küsst dann die Hände von verehrten Damen, umarmt die Leiber verehrter Männer in der ersten Reihe und eröffnet das Buffet. Während Häppchen vertilgt werden und Gläser klirren, während dieser einigermaßen dürftig inszenierten Zeremonie kommt uns eine weitere bemerkenswerte Rede Orbáns zur Lage der Nation in Erinnerung, ein bedrückendes Beispiel seiner Kontaktlosigkeit zu unserer Zeitgenossenschaft.

»Viele ungewöhnliche und unerwartete Dinge sind geschehen. Ereignisse, die in unser gemeinsames Leben eingebrochen sind und uns überrascht haben wie nie zuvor. Geschehnisse, die in Ungarn seit Menschengedenken nicht vorgekommen sind. So mussten wir uns fühlen wie des einfachen Mannes Esel, der in den ausgetrockneten Brunnen gefallen war. Dabei sah alles so gut, so ermutigend aus, als er sich auf der Weide umsah und loszog. Und plötzlich lag er da unten im Brunnen, ausgeliefert, hilflos. Er hatte Schmerzen vom Sturz und Schrammen, spürte, dass auch seine Rippen gebrochen waren, und doch verlor er nicht das Vertrauen, denn er wusste, es würde nicht lange dauern und sein Hirte würde kommen, um ihn aus seiner misslichen Lage zu befreien.«

Status. Ungarn ist kein Land des Dramas, Ungarn ist ein Land der Operette. Hier starb die Tragödie noch vor ihrer Geburt. Für die Operette ist vor allem kennzeichnend, dass sie, um zu sein, keine Perspektive braucht und auch keine Perspektive hat. Sie liegt auf der horizontalen Fläche. Das Stereotype gibt die Richtung vor. Es gibt keine Vorgeschichte und folglich keine aus ihr resultierende Konsequenz. Sie dient der reinen Unterhaltung, und manchmal ist sie in der Tat amüsant. Wenn in einer Operette durch vorhersehbare Grausamkeit Blut fließt, zuckt niemand zusammen, denn auch Grausamkeit, Blut haben hier dekorativen Charakter. Und wenn die Heimtücke, die Denunziation, der Betrug durchgespielt sind, steigt am Ende, wenn der Baron wohlbehalten und begütert zurückkehrt, nachdem er eine Szene zuvor pleitegegangen war, die Stimmung, sprudelt der falsche Champagner. Der singenden Gesellschaft auf der Bühne widerfährt Glück, das sie brüderlich mit dem Publikum teilt. Manche Phrasen leben als Ohrwürmer weiter, man summt sie anderntags in der Straßenbahn und am Arbeitsplatz; dieses Summen, das auch mal ins Stammeln und Lallen übergeht, sagt viel darüber aus, welche Position man zum Erlebten einnimmt, und ganz besonders darüber, welche Position man nicht einnimmt. Die Abwesenheit der Perspektive bedeutet einen unfreiwilligen Verzicht auf Entwicklung, auf den Prozess. Katharsis ist ausgeschlossen. Das Publikum hat nichts über sich erfahren und darf sich in der Illusion des *savoir vivre* wiegen, die Umstände, die geistige Dauerkrise des Landes, in dem es lebt, sich weiterhin vom Leib halten.

Das Drama hingegen bewegt sich räumlich in der Vertikale, es schärft den Sinn für den Zusammenhang zwischen dem gesellschaftlichen Leben und dem Leben des Einzelnen, zeigt die Konflikte, Prozesse, den Überlebenskampf zwischen diesen beiden Elementen und zwischen den Protagonisten selbst, es wird klar, dass der Einzelne und die Gesellschaft einander unausweichlich bedingen. Man muss sich der Konfrontation stellen, der familiären, der politischen – beides ist nicht voneinander zu trennen – oder der Liebe, der Armut, dem Wahnsinn.

Entweder nimmt der Prozess einen offenen, wenngleich oft dunklen Ausgang oder die Protagonisten ermüden. Ohnmacht legt sich über sie. Eines aber bleibt: Sie haben sich eingelassen, haben Verantwortung übernommen für sich, für die sozialen Bedingungen des Lebens. Das ist so seit der Antike.

Sándor Márai vermerkt 1948 in seinem Tagebuch: »Vieles ist heute *möglich*. Das ganze Leben ist ein einziges Möglich. Jetzt steht wieder der Moment bevor, in dem – nach Jules Renard – vorstellbar ist, dass *die Angeklagten ohne Logik handeln*. [...] Nur eines wird nie möglich sein: die Katharsis der ungarischen Gesellschaft.«

Drama. Einige wenige Beispiele ausgenommen, gibt es kaum ein nennenswertes ungarisches Drama, weder auf dem Papier noch auf der Bühne. Zwar finden *en masse* Streifzüge durch allerlei Themen statt, sie enthalten aber keine Idee von zwischenmenschlichen Prozessen; die Vorstellung, es könne einen Weg von A nach B geben und dass bei der Ankunft in B eventuell ein Lichtlein leuchtet, existiert nicht. Mensch und Seinsbedingung, wenn der Text sie streift, geraten ins Abbildhafte, werden statisch, Worte fallen, ganze Wortkaskaden, aber sie lösen keinen Konflikt aus, verhallen konsequenzlos, so als wäre dem, der sie sagt, und dem, der sie hört, egal, was gesagt und gehört wird. Man *erfährt sich* nicht, so als wehrte man sich gegen jegliche Erfahrung, als wollte man nicht verwirrt werden durch etwaige Erkenntnisse, alles wirkt achtlos, Text, Leser, Darsteller und Zuschauer meiden Wachheit. Erlöschende, erloschene Impulse, Trägheit als unbewusste Philosophie des geringsten Übels ist günstiger. Immerhin blitzt anstandshalber das Signal auf, dass alles beim Alten bleiben wird bis in alle Ewigkeit. Zwar *wäre vieles möglich,* rumort es sphärisch, aber erst in ferner Zukunft, wenn der Text vergessen ist, die Aufführung, vielleicht auch das Leben zu Ende sind. Verzicht und Wollen gehen sich aus dem Weg. So wird allenfalls die Qualität bloßer Unterhaltung erreicht. Träume von einem besseren Leben gibt es zwar, von ihnen ernährt sich auch die Operette und weckt, sättigt unterhaltsam Sehnsüchte. Das Elend wird morgen vorüber sein, spätestens übermorgen.

Gelangt ein Drama auf die Bühne, vielleicht ein griechisches, reist die Aufführung in eine fremde, ferne Welt, in eine, mit der den Zeitgenossen nichts verbindet. Die Story ist veraltet, Griechenland weit weg, die Antike längst untergegangen. Komplexe Fragen dramatisierten Lebens werden der Beleuchtungstechnik überantwortet. Es kommt zum kunstvoll abgedunkelten Ambiente, als wäre die Sonne damals in Griechenland nicht aufgegangen, als hätte es keinen lichten Gedanken gegeben. Irgendwie erahnte Dramatik in der Handlung äußert sich durch gelegentliches Gebrüll, als habe sich Kreon bei Ismene nach den neu bestellten Togen erkundigt und flippte nun wegen Lieferengpässen aus. Das Personal im Zwielicht der Bühne, in Kostüme gesteckt, in denen sie wie altertümliche Grufties aussehen, bezeugt Mitleid mit den toten Figuren, löst Mitleid beim Publikum aus, lässt die Protagonisten des Sophokles wegen ihrer merkwürdigen Begehrlichkeiten antagonistisch im Stich. Aller Vitalität, allen Rückgrats beraubt und von gesellschaftpolitischer Wucht befreit sinkt das Drama, die Tragödie ab ins Pathetische: Sie müssen es schwer gehabt haben damals, die Armen. Dass eine Elektra, eine Antigone unter uns Zeitgenossen weilen könnte, vermittelt sich nicht, im Dunkel bleibt also der mögliche Grund der Aufführung. Hell leuchten nur die Konturen der ungewollten Beleidigung, die sie der Intelligenz zufügt.

Das höflich dargebrachte Mitleid nährt nur das landesübliche Selbstmitleid, ja, so war das, so ist es, nichts zu machen, *jedem das Seine* ist nun einmal unwandelbar gegeben. Immerhin haben sie da auf der Bühne *schön* gesprochen, lautet am Ende das vernichtende Urteil.

Gewiss, es gibt auch Aufführungen mit einer anderen Ausstrahlung; Regisseure, Schauspieler reisen, sie sehen sich in der Welt um. Mehr Licht, buntere Kostüme, vitaleres Spiel bei erhöhter Lautstärke kommen zum Vorschein, doch tiefere Einsichten, wirkliche inhaltliche Durchdringung des Materials lassen auf sich warten.

Durch einen neuen Beschluss der Regierung erlebt das Theater das Drama von außen: die staatlichen Subventionen, von denen die Theater abhängig sind, wurden in Budapest und in Teilen des Landes gestrichen, Unterstützung erhalten sie nur noch von den städtischen Verwaltungen. Ausgenommen von dieser Maßnahme sind jene Häuser, deren Leiter bereits im Auftrag der Regierung wirken. Die staatlichen Subventionen könnten, heißt es aus der Kulturbehörde, wieder aktiviert werden unter der Bedingung, dass dann die Entscheidungshoheit über die Intendanzen allein bei der Regierung liegt.

Drama 2. Auch Orbán spricht schön, wenn auch nicht ganz so schön wie stimmlich ausgebildete Schauspieler. Beim Genuss der eigenen Stimme läuft er sich warm, es entfaltet sich eine operettenhafte Darbietung, die unbewusster Selbstversehrung gleicht. Die Rolle liegt ihm. Er kündigt Übergänge an, von der Nation langersehnte Wandlungen. Am Montag erklärt er, Ungarn werde unter seiner Herrschaft ein Land wie die Schweiz, am Dienstag wie Kanada, am Mittwoch lobt er das Abflauen der allgemeinen Dekadenz durch die Stabilisierung des Mindestlohns mit der Erklärung, dass dieser höher liege als der Niedriglohn. Gewürdigt wird auch die neue Nationaldisziplin namens Gehorsam, die er schon mit einem künftigen Volk verknüpft, und obwohl es dieses künftige Volk noch nicht gibt, werde es die grundlegenden Aufgaben der Demokratie in ihrer illiberalen Variante verwirklichen, werde mitziehen bei den Bemühungen des Staates, die dem Konservieren, Befestigen und Zementieren gelten. Im Schwanken zwischen diesem angedeuteten Minimalprogramm und dem Maximalprogramm spielt seine kontinuierliche Revolte die eigentliche Rolle. Die Auferstehung der Nation werde nicht auf einen Schlag gelingen, nicht morgen, nicht in einem Monat, es brauche *eine ganze historische Epoche,* deren Dauer vorherzubestimmen vermessen sei. Aber eines sei sicher, das Schwierige werde einfach, das Unerreichbare erreicht, und er schließt mit der Warnung, dass die Europäische Union alles daransetze, die Nation zu zerstören. Am Donnerstag erblüht Ungarn schlicht in neuem Glanz, am Freitag schließt es zu Singapur auf. Von solcherlei Aussichten besänftigt, geht die Nation am Wochenende zum Fußball über. Auch in Felcsút, dem Heimatdorf Orbáns, wird Fußball gespielt. Von dem Felcsúter Verein hatte niemand etwas gehört, bis Orbán neben seinem Haus ein Fußballstadion aus Steuer- und EU-Geldern bauen ließ. Hier in Felcsút wie im restlichen Ungarn lässt es sich trefflich ohne Vergangenheit leben. Die Gegenwart ermüdet ja doch nur, und die Zukunft bin *ich, Orbán*. Es ist, als handle es sich um ein Land ohne jedes soziologische Erbe. Der Sprung vom Feudalismus in den Faschismus vollzog sich übergangslos, vom Faschismus in den Kommunismus, genauer Stalinismus, in der Folge in den Sozialismus. Spuren europäischer Geistesgeschichte lassen sich kaum ins Land hinein verfolgen: Keine Aufklärung, keine Philosophie, die Soziologie wird durch die traditionelle Volkszählung bedient. Die Moderne blieb außen vor, Geschichtswissenschaft bedeutet vor allem, beliebige, je nach augenblicklichem politischem Geschmack erdichtete Geschichtskonstruktionen in Umlauf zu bringen. Den Beruf des Philosophen gibt es indes, auch das Fach der klassischen Philosophie an Universitäten, aus anderen Sprachräumen abgeleitete philosophische Betrachtungen aus vorausgegangenen Epochen. Soziologen gibt es natürlich auch – György Konrád zum Beispiel war einer von ihnen –, bloß fließen ihre wichtigen Erkenntnisse in die Donau, einen Gebrauchswert in den Augen der Politik und der Gesellschaft erlangen sie nicht. So betreibt man die Philosophie und die Soziologie für sich, publiziert für kleine Zirkel, hält Vorlesungen an der Universität.

Das hielt fünfundsiebzig Prozent der Universitätsstudenten bei den vorausgegangenen Wahlen nicht davon ab, rechtsextrem zu wählen – ein einmaliger Vorgang in Europa. Damit das auch so bleibt, war es für Orbán überlebensnotwendig, die hochqualifizierte, progressivem Engagement verpflichtete Professorenschaft mitsamt der von George Soros gegründeten Internationalen Universität CEU aus Budapest ins Exil nach Wien zu verbannen.

Dass beispielsweise Jürgen Habermas, Philosoph und Soziologe, in den Bundestag eingeladen wird, seine Gedanken zur gesellschaftlichen Lage darzulegen, seine Gesellschaftsanalyse zu teilen und gefährliche Mängel in der Politik und im Wirtschaftsgebaren aufzuzeigen, überrascht hierzulande niemanden. Es wird als Selbstverständlichkeit erachtet, dass die Politik den Kontakt zu Denkern und Wissenschaftlern sucht und ihrer bedarf. Neugier auf Denkanstöße gibt es in Ungarn nicht. Ganz im Gegenteil werden kritische Erkenntnisse über die soziale, wirtschaftliche, kulturelle Lage und werden jene, die sie vorbringen, verdammt, diffamiert, verfemt. Wer nicht denkt, muss gegen das Denken sein, muss verbissen festhalten an einer symbolischen Ordnung. Es ist der Auftritt einer neuen Männlichkeit ohne Männer, ohne Mut und ohne Plan, stattdessen Hasard, Waghalsigkeit, untermischt mit Starrsinn, Rundumschläge gegen innere und äußere Feinde, die man sich gemacht hat, lauter Zeichen für Autismus und Überzeugungsschwund. Da es an Argumenten mangelt, widerstehen die Macher jeder Form der Erörterung oder Diskussion von Ideen, von eklatanten, die Gesellschaft betreffenden

Problemen. Wenn das Parlamant tagt, offenbart sich eine unfassbare politische Verarmung, und sie macht Platz für ein Regieren per Dekret, das Handeln vortäuscht. Es kommt zu hektischen Gesetzesänderungen und der Produktion von ideologischem Müll, der Überzeugungen simulieren soll. Die immergleiche fade Akrobatik in der Manege vor einem Publikum, das offenbar nichts Besseres verdient hat. Die Defekte treten umso deutlicher zutage, wenn dem Redner irrtümlich Begründungen für die eine oder andere Handlung doch unterlaufen, und je direkter, persönlicher er wirken will, je mehr er sich ins Zeug legt, umso mehr fällt auf, wie wenig Person in ihm steckt. Doch der Zug fährt unbeirrt weiter, die Denkverweigerung muss immer wieder neu motiviert werden. Das ist der Sinn von Populismus, der sein Ziel mit dem kollektiven Denkverzicht erreicht. Seine Funktion, die Doxa, besteht darin, die entstandene Lücke durch Meinungskonsum zu ersetzen. Je nebulöser die propagandistischen Manöver des Ministerpräsidenten sind, umso handlungsunfähiger, indifferenter wird die Gesellschaft. *Wir müssen uns vor der Europäischen Union schützen*, lautet eine seiner Lieblingsformeln, mit der er den Bezug zu einem komplexen Thema auf null reduziert. Eine weitere axiomatische Behauptung ist, dass Theorie, alles Intellektuelle praxisfeindlich sei. Ein Vorwand, um wissenschaftliche Erkenntnisse oder ganze theoretische Felder wie die Soziologie als überflüssig erscheinen zu lassen. Orbán, der Praktiker, versteht nicht, dass Theorie selbst eine Praxis ist, zudem von enormer Zugkraft. Das zu leugnen und Intellektualität zu verwerfen bedeutet, die Lebendigkeit des Lebens zu leugnen.

Fundstück. Momente aus einem herzzerreißend großen Text von W. G. Sebald mit Anverwandlungen. Widerstand. Schreien. Stillschweigen. Maske, Schminke, Schleier. Sein aufklärerisches, anklagendes Scherflein trägt selten einer auf den Markt. Wenn, dann lange nach dem Abräumen der Stände. Eine seltene Ausnahme bilden die Texte von Imre Kertész. Die radikale Position, die er einnimmt, schließt jeden Kompromiss mit der Geschichte, mit der Gegenwart aus. Nirgends ein falscher Ton in seinem Werk, keine Literarisierung, die zwischen Text und Leser eine Komplizenschaft entstehen ließe. Vielleicht der erste Autor ungarischer Sprache, der sich vom Konzept *ich, ich, ich* gelöst hat. Keine Selbstsucht, keine Selbstbestätigung, der Blick auf die Dinge schafft Weite, einzig die Draufsicht auf den Gegenstand ist wichtig, der Blick wie aus der Ferne mit größtmöglicher Direktheit. Nicht einmal in seinen Tagebüchern gruppieren sich die Ereignisse um das wortführende Ich, es sind die Ereignisse, die Seinsbedingungen, die auf das Ich reflektieren. Kertész, dem progressiven Denken, progressiver Kunst verpflichtet, baut auch in seinen wunderbar streng durchkomponierten Romanen keine Blöcke, keine Situationen, um Bewegungsräume für das, was in Sprache und Handlung untergebracht werden soll, zu schaffen; die Situation *ist* gegeben, nichts ist kreatürlich in dieser großen, grundsätzlichen, unverrückbaren *condition humaine*, in ihrem schrecklichen, drakonischen Selbstverständnis, und wer sich darin wiederfindet, der Autor, die Figuren, bleiben bei allem Widerstand, bei allem Protest, bei allem Aufbegehren, bei all ihrem Kampf für die große, grundsätzliche Veränderung, bei all ihrem Unglück, manchmal auch Glück in Anerkennung des Gegebenen das, was sie von vornherein sind, Menschen wie du und ich. Der Beckett'sche Moment. Die philosophische Analyse in jedem seiner Themen, die spektakuläre Einführung der Existentialphilosophie in eine Sprache, die ungarische, die bis dahin ohne Philosophie ausgekommen war, nahezu gänzlich ohne auf eine überlieferte analytische Begrifflichkeit zurückgreifen zu können, eine unbeteiligte Sichtweise auf Dinge, auf Ereignisse. Für diese außergewöhnliche, zwingend notwendige Leistung wird Kertész bis heute, Jahre nach seinem Tod, durch die Denunzierung einer staatlich beförderten und auch von der Literatur betriebenen kollektiven Amnesie immer wieder aufs Neue ins Unrecht gesetzt. Der von ihm dramatisch eingeschlagene Denkweg führt dramatisch geradewegs zu ihm zurück dank der Mentalität der Gefolgschaft des Großinquisitors Orbán. Bloß keine Beeinträchtigung der eigenen kümmerlichen Lebensqualität und Lebensweise. Denken tut weh und kostet viel Zeit. Tatsächlich widmen nur wenige Autoren wie Szilárd Borbély dem Ernst der Lage die angemessene Aufmerksamkeit, schreiben gegen die staatszersetzende Manipulation an, gegen die peinlichen Pflichtübungen des opportunistischen Geistes, der es gern unterlässt, sich den eigentlichen Ereignissen zuzuwenden. In der Einschwörung der Bevölkerung auf einen sinnlosen, selbstzerstörerischen Krieg gegen sich selbst, in der Zerschlagung von Medien, die sich einer objektiven Berichterstattung verpflichten, in der Besetzung hoher Posten durch Freunde und Gleichgesinnte in den Institutionen wie Gerichten und Intendanzen, im Verkauf von Universitäten an private Stiftungen von zweifelhafter Gesinnung, in Rassismus und Antisemitismus, im Rufmord als konstitutivem Element Orbán'scher Kultur- und Wirtschaftspolitik, in der Eliminierung des Rechtsstaats und der Demokratie zeigt sich die Fratze des Denkterrors. Die Hervorbringungen eines verstockten Gemüts, das sich seiner Leere nicht bewusst ist; das Subjekt – Orbán – hat seine engen Grenzen längst überschritten, was es vielleicht spürt und umso mehr dem Befehl seines rohen, zur Flucht nach vorn treibenden Instinkts gehorcht, die Grenzüberschreitung immer weiter pervertiert, eine Pathologie, immer an der Klippe zum Wahnsinn. Der von niemand außer von sich selbst verfolgte Politiker, ein Fratzenschneider, kompensiert seine Leere, indem er seiner engen Umgebung und der weiten, ihm unbekannten Welt mit demselben Vulgärnihilismus entgegentritt, mit dem er das Land, dem er vorsteht, ruiniert. Hier endet seine Flucht vor dem Denken, die routiniert beherrschte Fluchtmechanik, lauter anschauliche Formen der Starre, gestattet ihm nur noch coole, Selbstsicherheit vortäuschende Nichtsbehauptungen auf dem heimischen Bildschirm und auf dem Podium in Brüssel, die durch nichts zu belegen sind und die ihn als infantilen narzisstischen Denkverweigerer ausweisen. Hier endend und zugleich immer wieder von Neuem hier beginnend, kann es mit ihm noch lange weitergehen – wie lange, das hängt ab von der Tragfähigkeit der zu seinem persönlichen Vorteil jedes Mal frisch geänderten Wahlgesetze, dem Ausmaß, dem Gelingen oder Scheitern des Wahlbetrugs und vom Wahlvolk, in dessen Hand es liegt zu entscheiden, ob es aufwachen oder weiterschlafen möchte. Zu entscheiden, ob es in *dieser* Wirklichkeit tatsächlich vorkommt und sie lieber doch nicht umgeht, damit ihm am Ende erspart bleibt, den an Leib und Seele erfahrenen Betrug schon bald darauf als akzeptabel, als *eigentlich vernünftig* zu verbuchen.

Fortsetzung. Es kann nicht die Beilegung des Konflikts von Interesse sein anstelle seiner Eröffnung. Man kann nicht von der Geburt bis zum Tod als *Fremder* entheimatet, als *Fremdherziger* gelten im eigenen Land. Nichtjuden können, sagen Nichtjuden von sich, diesen Status nicht nachvollziehen. Ein Schwarzer unter Weißen, ein Jude, ein Roma ist im Zweifelsfall immer an erster Stelle der Außenstehende, Zielpunkt für Aggression und Diskriminierung, die den Landsmann befällt, wenn er die U-Bahn verpasst. Der »Fremde« kennt sich aus in seiner Geworfenheit, um ein richtiges Wort Heideggers im falschen Kontext zu gebrauchen. Ob ihm das hilft, sich darin auszukennen, dessen kann er sich nie sicher sein. Aber es verleiht ihm die Wachheit, stets auf der Hut zu sein. Kertész' kraftvolles persönliches Engagement begreift nur, wer bereit ist, die spezifische Situation wahrzunehmen, in der Kertész in diesem provinziellen Land mit seinem einschichtigen ungarnzentristischen Weltbild steckt. Der Nationalismus sei nur die ephemere Form eines universellen Hasses und universeller Destruktion, schreibt er in *Der Betrachter*. Und an anderer Stelle in einem anderen, gleichwohl verwandten Zusammenhang, dass der Rassismus, der Antisemitismus *nach* Auschwitz, Auschwitz vermisst und bejaht. Ein wohltuend komplexer Gedanke, wohltuend einfach ausgedrückt. Der Antisemitismus heute, ob als bewusste oder unbewusste minderwertige Selbstbefriedigung, ist völlig gleichgültig, will wieder Auschwitz, vielleicht nicht dasselbe, aber ein solches. Kertész war sich im Klaren darüber, dass seine Lebens- und Arbeitssituation eine vollkommen absurde war und sein Schreiben ein zweifelhaftes Unternehmen. Und doch war er nicht bereit, vor der abermaligen Neuordnung der Geschichte zu kapitulieren, denn ihm war auch klar, dass es angesichts der erdrückenden Dominanz der sich vollziehenden Prozesse noch weniger vertretbar sei, sich vom Schreiben abzuwenden, den Widerstand aufzugeben, es fortzusetzen und sei es noch so sinnlos. So als habe er sich in schlaflosen Nächten jedes Mal von Neuem geschworen: Ich muss den Widerstand aufrechterhalten bis in die Absurdität.

Zu einer Anerkennung seiner denkerischen Leistung hat er es in Ungarn nicht gebracht. Die Anerkennung im Ausland ermöglichte ihm in späteren Lebensjahren eine gewisse Exterritorialität, während im Inland sein Werk heute fast vergessen ist. Auch fehlt es nicht an nachträglicher Häme. Die von Kertész eröffnete Denkschule wird von den reaktionären Kräften konterkariert, es findet ein eklatanter wissenschaftlicher Regelbruch statt durch das Weißwaschen von ungarischer Geschichte und Gegenwart. Fälschungen, irreführende Aussagen von Politikern und ihren Unterstützern in von der Regierung bestellten Medien, in Büchern, Funk und Fernsehen machen aus der Geschichte eine Karikatur, aus historischer Ignoranz eine Bürgertugend. Aus propagandistischen Pamphleten voll erlogener Nachrichten entsteht das Gesamtbild einer erlogenen Geschichte.

Horthy, von Beruf Reichsverweser. Anstatt den Friedensvertrag von Trianon zum nationalen Volkstrauertag zu degradieren, wäre es korrekt gewesen, gäbe es politisches Rückgrat in Ungarn unter Orbán, die Bedeutung von Ignác Martinovics zu würdigen und seinen Geburtstag zum Freudentag der Nation zu erheben, einem Tag, an dem Regierung und Volk Arm in Arm zu den Klängen von Volksmusik, gespielt von einem kleinen Orchester heiter aufspielender Roma-Musiker, Csárdás tanzen. Immerhin hatte er versucht, Ideen der Aufklärung ins Land zu tragen. Das musste scheitern. Martinovics, der erste und fast auch der letzte ernsthafte politische Verfechter der Aufklärung, wurde für sein Engagement enthauptet, man schrieb das Jahr 1795. Sein kurz zuvor verstorbener Zeitgenosse, der österreich-ungarische Monarch Joseph II., setzte während seiner Herrschaft Reformen durch wie kaum ein ungarischer König oder Minister oder Rebell in der Folgezeit. Für Ungarn, Teilgebiet der Monarchie, hat der ungarische Adel die Reformideen brüsk zurückgewiesen. Denken von oben und Denken von unten haben sich selten berührt. Eine aufnahme- und denkfähige Mitte gab es weder damals noch gibt es sie heute; progressiven Ideen begegnet man in Ungarn prinzipiell feindlich. Man widmet sich lieber der Bekämpfung menschlicher Regungen.

Zum Verhängnis wurde Martinovics und seinen Unterstützern ein scharfsichtiger, moderner, ja europäischer Gedanke, der darin bestand, Ungarn aus der österreichischen Dynastie herauszulösen und zu einer Bundesrepublik umzugestalten, in der jeder Nationalität ein eigenes Territorium mit einer speziellen, auf sie zugeschnittenen Verfassung zustünde. Das Konzept sah nach außen eine Republik mit übergeordneten, in allen Teilen gültigen Gesetzen vor, nach innen den Gebrauch der eigenen Volkssprache und Religion im Vielvölkerstaat der Donaumonarchie. Das beeindruckende Konzept dieser »föderativen *res publica*« starb mit der Verhaftung von fünfzig des Hochverrats Beschuldigten; sieben von ihnen wurden auf Befehl der ungarischen Administration hingerichtet, andere zu langer Kerkerhaft verurteilt. Der Dichter Ferenc Verseghy wurde für die Übersetzung der Marseillaise ins Ungarische mit einer Haft von zehn Jahren bedacht, ein Strafmaß, das aus heutiger Sicht etwas überrascht. Weltanschauung und Philosophie waren weder bei den Herrschenden noch bei den Beherrschten gefragt, und nach diesem kurzen Zwischenspiel kehrte das einfältige heimatliche Dorf in der pannonischen Tiefebene als kultureller Dreh- und Angelpunkt ins Bewusstsein zurück. Die restliche Welt entrückte wieder in die Ferne, die Folklore kam wieder in Gang: Die ersten Dichter des Landes formulierten nationale Ziele, sie träumten in den glorreichen Bildern einer unhinterfragten Vergangenheit und dichteten sie neu. Die Aufklärung blieb außen vor, und mit ihr das vereinzelte Bedürfnis, sich der Irrationalität, dem Aberglauben, dem Irredentismus, der Willkür entgegenzustellen. Kein Hegel, kein Sturm und Drang, kein Büchner in dieser Gegend. Weitsichtigere, sensiblere Dichter, die die Lage durchschaut haben, begingen Selbstmord oder zogen sich in die völlige Isolation zurück, eine Dynamik, die sich heute wieder abzeichnet. Der relative Stillstand als immerwährendes Ideal von Realpolitik hielt bis zu den europaweiten Revolutionsbewegungen 1848. Deren ungarische Protagonisten erinnerten sich wieder an Martinovics, sangen vielleicht sogar nachts leise die Marseillaise; die Umsetzung seines oben geschilderten Konzepts schwebte den Revolutionären indes nicht vor. Was auch immer ihnen vorschwebte, es scheiterte erneut. Obwohl Serben, Polen, Italiener, Ruthenen, Juden, Slowaken und Rumänen für die ungarische Revolution in die Schlacht zogen, es nützte nichts, denn es waren auch Ungarn dabei, vermutlich sogar in der Mehrzahl. Uneinigkeit, Verrat allenthalben, Liquidierungen. Verrat ist vielleicht die einzige politische Konstante in der ungarischen Machtsphäre, und wer den Verrat verriet, kam als erster unter das Beil. Dem bedeutendsten Kopf dieser Epoche, Graf István Széchenyi, Staatsreformer und Kritiker des Feudalsystems, verleideten die ständigen Intrigen, Feindschaften und Drohungen die Politik und damit den Glauben, dem Land ließe sich helfen. Alkohol, Nervenheilanstalt, Selbstmord. Er war kein Träumer, seine Ideen für umfassende Reformen fußten auf der Realität, man hätte seinen Argumenten Gehör schenken sollen, es hätte geholfen. Hätte. »Hätte« ist im Zusammenhang mit der ungarischen Geschichte das meistgebrauchte Wort. Eine glücklose Geschichte, gemacht von Männern mit viel Glück im Leben. Was Széchenyi, ein besonnener Mann von Weitsicht, umfassender Bildung und der Fähigkeit, in größeren Zusammenhängen und realistisch zu denken, befürchtet und für den Fall, dass seine Gegner die Oberhand gewinnen würden, vorausgesehen hatte, traf später wirklich ein. Seine düsteren Visionen nahmen rund sechzig Jahre nach seinem Tod Gestalt an: Es kam zum Ersten Weltkrieg. Eines der problematischsten Motive ungarischer Politik sah er in der aggressiven Durchsetzung nationalistischer Interessen gegenüber den Minderheiten im Kronland – ein Gegenkonzept zu den von Martinovics ein halbes Jahrhundert zuvor formulierten Ideen.

Historiker und Politologen verschiedener Geschmacksrichtungen bezeichnen Ignác Martinovics, Sohn einer Deutschen und eines Serben, Führer der ungarischen Jakobinerbewegung, als Scharlatan, Genie, Sprachkünstler, Spitzel, Staatsfeind. Rechte und rechtsextreme Meinungen stempeln ihn heute zum Zionisten. Das mag daran liegen, dass er nicht als Ur-Ungar durchging, seine slawischen Vorfahren waren erst Ende des 17. Jahrhunderts nach Ungarn eingewandert. Und daran, dass er in seiner Laufbahn eine Professorenstelle in Lemberg innehatte und Lemberg als galizischer Ort in den Augen der Gleichgültigen, Rechten und extremen Rechten ein Synonym für das Judentum ist. In Wirklichkeit war er, bevor er politisch tätig wurde, Franziskanermönch, Doktor der Theologie und Philosophie sowie Professor für Experimentalphysik. Als Anhänger der Aufklärung unterstützte er die damals in dieser Region Europas ungewöhnlich progressive Politik des jungen Kaisers Joseph II., der »*für das allgemeine Wohl lebte, nicht lange, aber ganz*«. So steht es auf seinem Grabstein geschrieben.

Graf István Széchenyi, in Wien geboren, besaß jenen analytischen Verstand, der ungarischen Politikern selten eignet. Hinzu kam seine praktische Vernunft. Eine solche Kombination garantiert einem eine feindlich gesinnte Umgebung bis ans Lebensende. Das hinderte ihn nicht daran, etwas gegen die Zurückgebliebenheit des Landes zu unternehmen. Er gründete die *Ungarische Akademie der Wissenschaften*, trat für die allgemeine Rechtsgleichheit ein, initiierte die Gründung eines Nationaltheaters, ließ Straßennetze erbauen zur Verbesserung der Transportwege, auch die Touristenattraktion *Kettenbrücke* in Budapest ist sein Werk, und setzte sich erfolgreich für die Verschönerung und Urbanisierung des damals noch dörflichen Budapests ein. Ein Staatsmann ohne Staat, sozusagen.

Auch Ideen der Russischen Revolution drangen ins Land; wer sich für diese begeisterte, wurde niedergemetzelt, noch bevor man wissen konnte, dass das sozialistische Experiment als politische Utopie auf dem Weg ihrer Umsetzung im Desaster von Gewalt und Depression enden würde. Kultur im Aufbruch war gefährlich; besser, es bliebe alles beim Alten, bei der herrschenden Ideologie und der Tyrannei, an die sich die Menschen bereits gewöhnt hatten. Gemeinwohl war seit jeher ein kompliziertes, unverstandenes Feld dank einer dem Personenkult und dem Nepotismus huldigenden Politik mit dem Credo, jeden, der aufbegehrte, aus dem Weg zu räumen. Eine Politik, die unter der aktuellen Regierung eine neue Konjunktur erlebt. Der Begriff *Gemeinwohl* ist heute aus dem Wörterbuch getilgt, sei er doch laut Orbán ein gefährliches Relikt aus der sozialistischen Nachkriegszeit.

Die herzlichste Erinnerung an die Geschichte gilt heute Konteradmiral Miklós Horthy, dem letzten Flottenkommandanten der k.u.k. Kriegsmarine im letzten kurzen Abschnitt der Monarchie. Um dieses Amt hatte er sich beworben, und es wurde ihm im März 1918 auch angetragen, zu einem Zeitpunkt, als fähigere Anwärter lieber verzichtet hatten und alles schon verloren war. Wenige Monate später, im Oktober desselben Jahres, wurde er seines Amtes wieder enthoben: Die österreich-ungarische Monarchie hatte sich aufgelöst, Admiral Horthy hatte kein Schiff mehr zu befehligen. Vom Drang zu weiteren Taten erfüllt, schloss er sich einer Riege protofaschistischer Offiziere und Freischärler an und organisierte den Rachefeldzug gegen die bereits geschwächten räterepublikanischen und liberalen Kräfte. Seine Bewegung trug den Namen »Weißer Terror«.

Die daran sich anschließende lange Regentschaft Horthys gründet auf einer Urlüge, an der bis heute festgehalten wird: Die Westmächte hatten ihn nur unter der Bedingung als Reichsverweser anerkannt, dass er dem *Friedensvertrag von Trianon* zustimmte. Der Vertrag sah vor, dass Ungarn, das wegen seiner katastrophalen Minderheitenpolitik als Mitverursacher und Verfechter des Krieges an der Seite Österreichs angesehen wurde, auf einen Teil seiner im Laufe der Geschichte abwechselnd eroberten, verlorenen und wieder zurückeroberten Gebiete mit einem maßgeblichen Anteil an anderssprachigen Bevölkerungen verzichtete. Horthy unterzeichnete den Vertrag. Einmal an der Macht, gelang es ihm, *Trianon* als »*Ausverkauf*« des

Landes, diesen bis heute kultivierten, immer wieder aktualisierten Quell des Leidens, den – inzwischen toten oder emigrierten – Sozialisten, Kommunisten und Liberalen unterzuschieben. Jenen Politikern und Kreisen also, die *gegen* die Unterzeichnung des Vertrages protestiert und Neuverhandlungen gefordert hatten. Diese Infamie genügte, um sich als Retter des Landes zu inszenieren, der später einmal Rache nehmen würde. In einem Land von dürftiger Allgemeinbildung und völliger Indifferenz haben es Legenden solcher Größenordnung nicht allzu schwer, sich bis in alle Ewigkeit festzusetzen.

1947 lebte Horthy im bayerischen Weilheim im Haus eines Bäckers, für das er diesem die Miete bis heute schuldig geblieben ist. Aus Weilheim wanderte er ins faschistische Portugal Salazars aus, führte das Leben eines abgedankten, müden Fürsten in Estoril, dem beliebten Badeort am Ozean, und starb dort in einem ansehnlichen Alter. Doch zwischen 1920 und Ende 1944 hatte er die Geschicke Ungarns als Reichsverweser gelenkt. Zum Reichsverweser wird man, wenn es im Königreich keinen König gibt; solange dieser Zustand anhält, schlüpft eine Art Nicht- oder Fastkönig in dessen Position, im betreffenden Fall der Reichsverweser, dem, soweit bekannt, nicht zur Bedingung gemacht wurde, das Land nach und nach dem Untergang preiszugeben. Ungarn blieb formal bis 1949 ein Königreich ohne König. Es ist nicht überliefert, ob Horthy die Ambition hegte, sich zum König krönen zu lassen. Falls ja, hat er fünfundzwanzig Jahre lang insgeheim so geduldig wie vergeblich darauf gewartet. Die Voraussetzungen zum König von Ungarn erfüllte er jedenfalls; er hatte die Macht durch blutige Gemetzel errungen, ritt einen Schimmel, trug bunte Uniformen mit viel Behang, er war Antisemit, führte das Land mit der Absicht, es zu vergrößern, übte sich in Revanchismus und zettelte Kriege an. Sorgen darüber, seinen Posten zu verlieren, musste er sich nicht machen, denn dieser wurde ihm staatsvertraglich bis zum Ende seines Lebens zugesichert. Man lag ihm zu Füßen, schenkte ihm Vertrauen und traute ihm Maßgebliches zu; nicht zu Unrecht, wie sich herausstellen sollte. So durfte er von Anfang an in der Größenordnung einer Dynastie träumen, hoffen, beten und kalkulieren. Darüber hinaus befähigte ihn zum ungarischen König auch sein großes Unvermögen bei Verhandlungen, eine Folge seiner notorischen Fehleinschätzungen der innen- und außenpolitischen Lage. So erklärt sich vielleicht seine heute wiederhergestellte Popularität. Eine staatliche Ehrung nach der anderen. Sein historisches Verdienst war es, Ungarn von der kopernikanischen Wende und von jeglicher Vernunft fernzuhalten, worin er seinen Vorgängern und Nachfolgern bis aufs Haar gleicht.

Ob Horthy, seines Zeichens Kriegstreiber und Politiker des Massenmordes, vom Fenster des Weilheimer Bäckerhauses aus die Überlebenden von Konzentrationslagern, die 1945 in diesem Städtchen untergebracht wurden, erblicken konnte, ist nicht bekannt. Möglich gewesen wäre es, dass ihm diese seltsamen, aus der Zeit gefallenen und irgendwie übriggebliebenen Gestalten auffielen, wenn sie die Straße überquerten auf dem Weg zum rituellen Bad in den Waschräumen des ehemaligen städtischen Schlachthofes oder zu einem der nun zu einem koscheren Lebensmittelladen umfunktionierten Nebengebäude des Stadtgefängnisses, die nach Kriegsende auf städtische Anordnung ad hoc eingerichtet worden waren. Von anderen hatte er keine unbequemen Fragen zu befürchten, niemand würde ihn fragen, was er hier machte. Man hatte ja am selben Strang gezogen, eine suspekte Figur mehr oder weniger, und war sie noch so stattlich, fiel nicht weiter ins Gewicht. Auch lässt sich nicht sagen, ob er, falls er tatsächlich Juden gesehen haben sollte, bei ihrem Anblick an die Verwüstung dachte, die er in Ungarn zurückgelassen hatte, oder an seine Gendarmen und sonstige Landsleute, welche die Juden in Waggons geprügelt und in den Tod geschickt hatten. Sechshunderttausend in kürzester Zeit. Viele wurden an Ort und Stelle getötet. Könnte nicht einer der Überlebenden eines Tages vor ihm stehen und ihn mit Fragen quälen? Oder kam ihm die Armee in den Sinn, die auf seinen Befehl hin nach Russland marschierte und am Don unterging, weitere dreihunderttausend Tote für die Ewigkeit? Das auf Fahrrädern in den Krieg radelnde Bataillon, das, bevor es noch die eigenen Landesgrenzen überquerte, im Schlamm stecken geblieben war, es hatte, welch Missgeschick, unablässig geregnet. Für Hitler war die ungarische Armee nicht zeitgemäß, weshalb er Horthys Ansinnen, ungarische Divisionen gemeinsam mit der Wehrmacht kämpfen zu lassen, zurückgewiesen hatte. Nachdem aber der kampferprobte Adlige das *Gesindel*, bestehend aus progressiven Kräften, Liberalen, Sozialisten, Kommunisten und Utopisten, all jene also, denen eine bessere, gerechtere Gesellschaft vorschwebte, durch seinen Weißen Terror 1920 eliminiert hatte, wollte Horthy nun dieses andere Gesindel, Sozialisten, Kommunisten, Bolschewiken sowie Stalinisten unter Stalin, die dabei waren, ihr überfallenes Land zu verteidigen, in die Schranken weisen. In gewissem Sinne wollte er sich Hitler gegenüber nicht undankbar erweisen, schließlich hatte dieser den Friedensvertrag von Trianon korrigiert und die damals abgetrennten Gebiete Ungarn kurzerhand zurückgeschenkt. Ungarn war wieder groß, zumindest territorial. Zum Dank hatte Horthy der Sowjetunion – und den USA! – seinen eigenen Blitzkrieg erklärt, geführt auf Fahrrädern, und ihn, allen Prognosen entsprechend, rasch verloren.

Hier in Weilheim war es still und ruhig. Der Staatsmann wusste zwar, dass sein Land verwüstet war, dass vereinzelt Handgranaten versprengter ungarischer Nazis noch flogen; die Brücken über die Donau aber waren schon zerstört, der Kriegsausgang entschieden. Und doch wusste er vermutlich nicht, dass die provisorische Regierung in Debrecen bereits nach ihm, dem »*größten Kriegsverbrecher*«, fahndete.

Sein Status jetzt war ein anderer als noch im Oktober 1944, als er auf dem arisierten Schloss Hirschberg eine Unterredung mit Hitler hatte, die für ihn nicht gut ausging. Dem Führer war zu Ohren gekommen, Horthy benehme sich eigenartig, falle ihm in den Rücken, rüttle heimlich am Bündnis. So heimlich, dass es bald alle wussten, was wiederum Horthy nicht wusste. Offenbar wollte er kein Popanz mehr sein, jedenfalls nicht mehr auf dieser

Seite, höchstens auf der anderen, die voraussichtlich siegen würde, doch seine höchst dilettantischen Versuche, die Amerikaner für diesen Einfall zu begeistern, wurden dem Führer hinterbracht. Man rechnet in bedrohlichen Phasen durchaus mit dem Abspringen auch der engsten Freunde, selbst Himmler suchte schon den Kontakt zu den Westmächten. Der Sinneswandel des ihm bis dahin treu ergebenen ungarischen Verbündeten indes musste den Führer irritieren. Vor wenigen Jahren hatte er noch mit breitem Grinsen geprahlt, der erste Regierungschef der Welt zu sein, der zielgerichtet für den formidablen Antisemitismus eingetreten sei, ihn zum staatspolitischen Programm gemacht hatte. In der Tat hatte er gleich nach seiner Inthronisierung 1920 das erste antijüdische Gesetz erlassen. Jetzt dieses Lavieren. Hitler wusste nur zu gut, dass seinem Gegenüber nicht etwa eine neue moralische Fundierung vorschwebte, denn Antisemiten lösen sich nicht so leicht von jenem Gefühl, das ihnen seelisches Gleichgewicht verleiht; er hatte bloß kalte Füße bekommen und Angst war gefährlich. Ausgelöst wurde diese von den Amerikanern und Engländern, die ihn nach Kriegsende zur Verantwortung ziehen wollten. Der Galgen drohte. Den Mann mit dem trägen Blick und dem immer noch zackigen Gang musste man einstweilen dabehalten, ihm das Wollen wieder schmackhaft machen.

Es kam zum Hausarrest in jenem Schloss im Wald, wo 1943 schon Mussolini untergebracht worden war; es beherbergte ihn mit Frau und Schwiegertochter. Jetzt war er also dort, wo er ursprünglich hatte sein wollen, wenn auch unter anderen Umständen, war bei den Freunden und ideologischen Mitstreitern, denen er schon früh Ungarns unbedingte Beteiligung am Großprojekt Menschenvernichtung zugesichert hatte.

Später gesellte sich noch sein Bruder dazu. Nun war die Familie beisammen, unversehrt und gut versorgt von Diplomat Walter Hellenthal und den Bediensteten. Eine verhältnismäßig sanfte Behandlungsweise für einen, der Hochverrat begangen hatte. Als mildernden Umstand sah man vielleicht die Tatsache an, dass er nicht aus eigener Eingebung gehandelt hatte, sondern der von Mussolini und der rumänischen Führung folgte, also in ehrwürdiger ungarischer Tradition epigonenhaft und dilettantisch. Zudem war Ungarn für Hitler kaum mehr als ein Bauernopfer, strategisch wichtig bloß als Korridor von West nach Ost und zurück. Auch brachte er dem Adel stets einen gewissen Respekt entgegen, davon durfte der adlige Horthy nun profitieren. Hätte er sich intellektuelleren Dingen zugewandt und Tocquevilles Traktate oder etwa das Kapitel »Verwandlung von Surplusprofit in Grundrente« aus dem Buch *Das Kapital* neu übersetzt, so wäre dies als ein unvergleichlich größeres Verbrechen eingestuft worden. Denn der Kampf gegen die Aufklärung und den Kommunismus kannte kein Pardon. Doch nicht das Gespenst des Kommunismus ging in ihm um und galt es zu bannen, sondern das Gespenst der während und nach dem Weißen Terror liquidierten Kommunisten, Sozialisten und Juden. Immerhin ist die bittere gesellschaftsphilosophische Erkenntnis, dass es in der Geschichte nicht um Könige und Mythen gehe, sondern um Produktionsverhältnisse, bis heute gültig, ganz gleich, mit welchen Attributen man sie zu übertünchen sucht. Die plötzliche wirtschaftliche Bedrohung eines Staates oder Staatsmannes hat nach wie vor mehr Chaos, Hysterie und wirre Maßnahmen zur Folge als der Kopf eines Königs unter der Guillotine oder Abertausende Tote in einem Bürgerkrieg. Und es fallen erfahrungsgemäß entschieden häufiger Köpfe von Abertausenden als Herrscherköpfe. Das Vertrauen darauf ermutigte Horthy, unbeirrt seinen Weg zu gehen.

Es verging ein halbes Jahr bis zum 1. Mai 1945, als die Amerikaner ihn im Schloss aufspürten. Der Militärrat beschloss seine Internierung, doch schon vor Weihnachten durfte er unter Auflage einer Schweigepflicht zu seiner Familie im oberbayerischen Idyll von Weilheim stoßen und bis auf weiteres das Haus des Bäckers bewohnen. Der Reichsverweser war jetzt eine *displaced person*, versehen mit demselben Status wie die Juden in seiner neuen Nachbarschaft, die das Grauen überlebt hatten. Arbeitete sein Gedächtnis? Arbeitete seine Wahrnehmung? Während seiner Regentschaft, beinahe ein Vierteljahrhundert lang, war ihm das nicht anzumerken. Aber nun war die Situation eine andere. Er war ein gewöhnlicher, wenngleich prominenter Verbrecher, beschenkt mit einem gewissen Freiraum. Nun konnte er sich, auf ein möglichst günstiges Urteil der Geschichte wartend – oder auf die Rückkehr der schönen alten Zeit –, den Rückblick auf seine jäh abgebrochene Karriere erlauben. Konnte sich fragen, ob der Staat, den er zugrunde gerichtet hatte, überhaupt noch bestand, ob es angemessen war, dass man ihn zur Verantwortung ziehen wollte, wieso sein Wirken derart weltöffentlich verhandelt würde. Hier saß er nun, während die anderen Kriegsverbrecher auf der Nürnberger Anklagebank saßen. Überall in Europa Trümmer, Chaos. Später wird er vernommen haben, dass zur selben Zeit Pläne erörtert wurden, wonach Deutschland in drei, vier, fünf Kleinstaaten zerschlagen werden sollte, darunter in eine norddeutsche Staatengruppe und eine süddeutsche »Donaukonföderation«, der Bayern, Österreich und Ungarn angehören sollten, Letzteres als abschreckendes Beispiel für jetzt und später. Noch später wird er, im Pfuhl seiner politisch korrekten Selbstschau, die Leser seiner Memoiren beschwichtigen: »*So sehr ich auch nachträglich über unsere Politik während des Krieges nachgedacht habe* [...], *ich vermag nicht zu sehen, dass wir grundsätzlich hätten anders handeln können, als wir gehandelt haben.*« Der feige Wille zur Ohnmacht ... Sein Gedächtnis war zu mehr als zu diesem unfreiwilligen Eingeständnis nicht imstande, in dem unüberhörbar der Wunsch mitschwingt, man möge die große wie auch die seine Geschichte für tot erklären. Letztlich würden auch etwaige Bekenntnisse nichts daran ändern, was geschehen ist, würden zwischen ihm und einem Mörder in fabrikartiger Weise wie Eichmann nur jenen Unterschied bedeuten, auf den die ungarische Führung im Kanon mit Teilen der Bevölkerung heutzutage pocht, wenn sie Horthy wegen seiner Humanität, seiner staatsmännischen Größe und Integrität ehrt. Die während seiner Regierungszeit verkümmerte Wahrnehmung ließ sich auch jetzt nicht beleben; die Geschichte, die damals noch Gegenwart war, schien für ihn bereits verblasst, trotz des unmittelbaren Elends, der Gefallenen, Verwundeten, Sterbenden, Erhängten und Erschossenen, der angezündeten und verbrannten Dörfer und Städte, der endlosen Reihe der Leichname, der Granateneinschläge, der verzweifelten Schreie, des Mordens am laufenden Band. Unvorstellbar, dass ihn all das in seinem feudalen Büro in Budapest nicht erreicht haben soll. Dabei ereignete sich das Meiste vor seinen Augen und wäre ohne seine Zustimmung nicht geschehen. Die Verfolgung der Juden, ihre Verhaftung und Deportation, der Raub ihres Eigentums. Berichte über aussichtslose Kampfhandlungen an der Front wurden ihm stündlich vorgelegt. Der Reichsverweser kann nicht so phantasielos gewesen sein oder unfähig, diesen Berichten nicht die entsprechenden Inhalte und Bilder zuzuordnen. Ließ er in Weilheim, nachdem nun alles verloren und nichts mehr zu gewinnen war, sein Gedächtnis arbeiten? Reden durfte er ja nicht. Empfindungen aber waren ihm nicht untersagt worden. In der Geschichtsschreibung haben solcherlei Fragen normalerweise keinen Platz. »*Die Wissenschaft denkt nicht*«, ob mit oder ohne Kenntnis dieser Beobachtung Heideggers von 1952 wird die oben zitierte Stelle aus Horthys Memoiren in der ungarischen Geschichtsschreibung axiomatisch behandelt – Wasser auf die Mühlen der Ignoranz, was die Bedeutung konkreter Handlungen eines Staatsmanns, eines Kultusministers, eines Wirtschafts- und Kriegsministers, des gesamten Staatsbeamtenstandes und so weiter anbelangt. Es heißt oft: »Ungarn, verglichen mit anderen Ländern, ist es während der Nazizeit noch gut ergangen.« Eine Aussage, die nur aus der Feder von Exegeten stammen kann, für die keine Lage schlimm genug ist, um sie ernst zu nehmen, und die mit der Wirklichkeit wenig übereinstimmt. Unzulässig ist auch das Unterschlagen eines wichtigen Fakts, nämlich dass Ungarn im Unterschied zur Tschechoslowakei nicht überfallen zu werden brauchte, weil es sich als erstes Land in Europa selbst zum Faschismus in Italien und zum Nationalsozialismus in Deutschland bekannt hatte, das Bündnis mit ihnen suchte und fand. Mussolini und Hitler kamen Horthy wie gerufen, eine Tatsache, die häufig unberücksichtigt bleibt, ohne die die Horthy-Ära jedoch kaum zu beurteilen ist. Von der Nach-Horthy-Ära ganz zu schweigen. Von den Verwüstungen, dem totalen wirtschaftlichen Ruin, den jahrzehntelangen Reparationszahlungen an die Sowjetunion in Form von Getreide, Maschinen, Bargeld. Die politischen Schäden wirken bis heute nach. Wenn man über all dies schweigt, verwundert es kaum, dass die politischen Geschehnisse und Entscheidungen der Zwischenkriegszeit den meisten Ungarn heute unbekannt sind. Jene, denen sie bekannt sein müssten, halten beispielsweise die initiativ erfolgte Kriegsführung gegen die Sowjetunion für mehr als gerechtfertigt, denn »Bolschewiken gehören vernichtet, überall und zu jeder Zeit«. Jede Propaganda ist willkommen, sie schlägt die eigene Verantwortung in den Wind und erlaubt es, die Auseinandersetzung mit der eigenen Historie als Fundament der Gegenwart zu vermeiden.

Ein kleines Land wie Ungarn mit einer kleinen, überschaubaren Geschichte braucht nicht so viele Historiker. Noch weniger braucht es die vielen unter ihnen, die die Geschichte ins Natürliche verfärben, dem danach dürstenden Publikum Lügen auftischen. Doch selbst die anderen in weit geringerer Zahl, die sich um Objektivität bemühen, Ereignissen und ihren Auslösern nachgehen, landen eher im Nebulösen; oftmals Produktionen aus der ahnungslosen Gegenwart, Essentielles bleibt außen vor. Das Geschehnis wird zur Geschichte durch die Tatsache, dass es *vergangen* ist. Kaum Kognitives, kaum eine philosophische Komponente. Keine Kritik, kein Urteilen, stattdessen Verwischungen, Tröstung. Kant setzte die Philosophie als Wissenschaft gleich mit Kritik. Doch Kant ist weit weg, und universelle Zusammenhänge stehen nicht im Brennpunkt des Interesses, sie lenken von der Routine ab, von der täglichen Klugscheißerei, der nationalen Größe, sind irrelevant. Die eigentliche Denkarbeit, das Geschehene nicht nur faktographisch festzuhalten, sondern auch nach Kriterien der *condition humaine* zu durchleuchten, fehlt in der ungarischen Geschichtsschreibung. Sie stellt sich in die Tradition der Kontingenz und übergeht den Vollzug des Desasters, weshalb auch eine tiefer greifende öffentliche Auseinandersetzung ausbleibt, mit der Konsequenz, dass kaum politische Bildung und Ausbildung existiert. Was wir lesen, das ist die Geschichte der Sieger; nur sie wird übermittelt, so sah es Walter Benjamin.

Heute hört man couragierte Leute einander zuflüstern, alles Schlimme komme vom Mangel an Zivilcourage. Doch wo sollte sie herkommen ohne die Auseinandersetzung mit Geschichte und Gegenwart und der damit verbundenen Chance, dass Zivilcourage überhaupt *entstehen* kann. Die Halbherzigkeit im Umgang mit der Geschichte lässt vermuten, dass die Historiker ihr Thema lieber nur streifen, als sei es ihnen zu heikel. Als seien sie vom vermeintlichen Charisma der Dinge bewegt, wollten aber selber nichts bewegen: Durch ihre wohlgeformten Unterlassungen kursiert ein Geschichtsbild, das jeden politischen Willen während der Verheerungen unterschlägt, das Mentalitäten, Mordlust, Perversionen, Sadismus unterschlägt. So war es den Protagonisten fast jeder politischen Strömung der Nachkriegszeit ein Leichtes, die Schuld an den Katastrophen – die sich seit Bestehen des Landes regelmäßig ereignen – jeweils »ungünstigen« Umständen in die Schuhe zu schieben. Das stärkt nicht nur die ohnehin ausgeprägte Neigung zum Selbstmitleid, verleitet nicht nur zu pathologischer Selbstgerechtigkeit. Es führt auch dazu, einander widersprechende Geschichtsauffassungen gezielt durchs Land kursieren zu lassen und es zu einer Sache des persönlichen Geschmacks zu erklären, welcher Erzählung man Glauben schenkt. Jeder darf sich sein eigenes Opfertum zusammenphantasieren. Es ist eine Art funktionaler Analphabetismus, mit dem die Politik hier operiert und aus dem sie die Kraft für die Legendenbildung zieht. Geschichte ist kein Gefüge von Handlungen, sie lehrt nichts, vermittelt keinen Sinn; ihr einziger Zweck ist es, für den akuten strategischen Vorteil instrumentalisiert zu werden. Seriöse Politologen und Historiker schütteln darüber den Kopf, haben aber weder die Energie noch die Möglichkeit, wirklich dagegen aufzubegehren. Wohl wissend, dass kein Politiker ihre Erkenntnisse je berücksichtigen wird, ziehen sie sich zum Studium vergangener Epochen in die Privatstube zurück. Die Regierung bestimmt, was Geschichte ist. Ein Wechselverhältnis zwischen Politik und ihrer Analyse gibt es nicht, ebenso wenig wie Transparenz, die bekannten Gesichter des öffentlichen Lebens werden nicht zur Verantwortung gezogen, wie man es sich, als Lehre aus der Demokratie, als Folge des Prinzips der Gewaltenteilung wünschen würde. In anderen Gegenden dürften derartige Probleme dank penibler Aufklärungsarbeit, politischer Bildung und der kritischen Begleitung von Politik vorerst überwunden sein. Die westliche Idee der Säkularisierung, zu deren Herausbildung Geschichtswissenschaftler und Philosophen beigetragen haben, ist jene intelligente Erfindung, deren Abschaffung Ungarn schon praktiziert hat, bevor sie je hätte Fuß fassen können.

Horthys Bekenntnis, Antisemit zu sein, wird meist zum ganzen Inhalt seines Antisemitismus erklärt und großzügig auf eine Fußnote reduziert. Die Epoche, in der er wirkte, wird nicht als das betrachtet, was sie war: ein Kontinuum ohne Brüche, der Antisemitismus darin als Hauptmotor von Anbeginn seiner Regentschaft. Die einen Historiker leugnen dies, die anderen übergehen es, weben an Phrasen – »unvermeidbare Entwicklungen«, »unvermeidbare politische Erfordernisse« und so fort. Selbst kritischere Stimmen entblöden sich nicht, hineinzurufen, dass es vielleicht doch ein bisschen zu viele jüdische Journalisten, Ärzte oder Künstler gegeben habe. Dieses Verfahrens bedient sich die ungarische Geschichtswissenschaft immer wieder. Ja, die Juden – das ist quasi die einzige historische Determinante, die durchgehend aufgerufen wird.

(Unmittelbar nach der Wende 1989 drängten sich Figuren des öffentlichen Lebens mit der Feststellung vor, die »Judenfrage« sei noch immer nicht geklärt.)

Horthy tut in seinen Memoiren so, als habe ihm eine höhere Instanz die einzige Handlungsmöglichkeit eingegeben, als habe die Natur ihm despotisch auferlegt, sich einem ihm fremden Frieden durch einen ihm bekannten Krieg zu nähern. Die fahlen Diskurse über ihn und seine Zeit machen sich das von ihm konstruierte Selbstbild gerne zu eigen. Über grobe Dinge wird grob gesprochen. Differenziert wird nur selten, wichtige Teile der Geschichte zählen nicht zum Allgemeinwissen.

Dies wird sich nicht ändern, solange die mit jener Zeit befassten Historiker bei der Schilderung kranker, verletzter und geschwächter Soldaten, die der Reichsverweser in diese Lage geführt hat, nicht erwähnen, dass sich in unmittelbarer Nähe dieser Soldaten auch die von Horthy dorthin befohlenen »Einheiten« des jüdischen Arbeitsdienstes befanden, von denen beinahe jeder Zweite ein Arzt war. Man hätte sie ohne weiteres zur Versorgung der dahinsiechenden Soldaten veranlassen können. Stattdessen wurden sie von den Offizieren und den bei aller körperlichen Versehrtheit noch schießfähigen Soldaten kurzerhand liquidiert. Dies war das Klima, das Horthy geschaffen hatte und bis zuletzt sicherstellte. Offenbar sind solche Momente für die ungarische Geschichtswissenschaft nicht bedeutend genug, um sie in ihre Rekonstruktion aufzunehmen, was die Annahme nahelegt, dass ihr die bloßen historischen Kenntnisse nicht zum historischen Wissen gereichen. Ein solches Wissen könnte nicht ohne Fragen von existentieller Dimension auskommen. Dazu müsste man die beschriebenen Handlungen mit den beschriebenen Personen in Verbindung setzen. Dann könnte der Forschungsgegenstand die Forschenden mit der nützlichen Erkenntnis bereichern, dass der geschriebenen Geschichte eine lebendige Geschichte vorausgegangen ist, in der lebendige Personen die toten Fakten schufen. Die bloße Aufzählung dieser Fakten unter dem Vorwand, Wissenschaft zu betreiben, könnte Anlass bieten, die Feststellung, die Wissenschaft denke nicht, auf die Wissenschaftler auszudehnen, was Heidegger aber nicht meinte. Warum die Darstellung der Fakten, die durch vom Irrsinn geleitetes Handeln geschaffen wurden, höhere Priorität hat als die Darstellung des Irrsinns der politisch Handelnden selbst, bleibt ein Geheimnis ungarischer Geschichtsauffassung.

Dank Stalins Intervention musste Horthy nicht auf die Nürnberger Anklagebank. Die Westmächte ließen sich darauf ein, sie fürchteten Stalin, und Stalin fürchtete um sein osteuropäisches Projekt und wollte die zahlreichen Horthyisten und Pfeilkreuzler in Ungarn durch eine Verurteilung Horthys nicht noch weiter gegen sich aufbringen. Nun sind die Horthyisten, mit siebzig Jahren Verzögerung, wieder da.

Nach seinem Aufenthalt in Weilheim ging Horthy 1948 nach Portugal. In Ungarn stellt niemand die Frage, warum er, der unschuldige Held, nichts unternommen hat, um in seine Heimat zurückzukehren, um diese abermals zu retten, sondern lieber in eine andere Diktatur ging, in Salazars Portugal unter klerikal-faschistischer Flagge. Im Gegensatz zu Horthy hielt Salazar sein Land aus dem Krieg heraus, hielt aber sein Volk, ähnlich wie Ungarns politische Führer, in Unwissenheit und Unmündigkeit, die Menschen sollten sich für Musik, Religion und Sport interessieren, für Fado und Fußball.

Der Versuch einer rationalen Darstellung zumeist irrationaler geschichtlicher Vorgänge geht davon aus, ein jeder könne sie einordnen und begreifen. Das gilt jedoch nur für Gesellschaften, in denen die geistige Bereitschaft zum selbständigen Denken und politische Elementarkenntnisse grundsätzlich vorhanden sind. Für Ungarn gilt dies nur bedingt. Damit fehlt die Fähigkeit, die Dinge beim Namen zu nennen und daraus die angemessenen politisch-moralischen Konsequenzen zu ziehen. Dies ist die deprimierende Voraussetzung für die dortige Politik.

Gut möglich, dass in dreißig oder fünfzig Jahren politische Beobachter der gegenwärtigen ungarischen Regierung auch bloß eine marginale Rolle in Europa bescheinigen werden und dass sie diese Rolle nach Maßgabe des geschichtlich Möglichen zu spielen bemüht gewesen sei, wie Horthy es in seinen Memoiren über sich angibt. Das wäre, wenn es zu derartigen Exegesen käme, kaum mehr als ein einer toten Historie überantworteter Schwindel, mithin ein fatales Arrangement.

Blick, Rückblick, adjektivisch. Angenommen, fortschrittliches europäisches Denken würde einen Ausflug nach Ungarn machen, sich dort ein wenig umtun und auf die Geschehnisse einwirken, würde des Weiteren Viktor Orbán ein Bein stellen und ihn zu Fall bringen, dann bräuchte es drei bis fünf Generationen, um (gesellschafts-)politisch und kulturell dahin zu gelangen, wozu es während der Phase kurz vor und kurz nach der Wende 1989 hätte kommen können. Diese der Aufklärung zuneigende, wirklich nicht ideenarme Phase vor dreißig Jahren war, gemessen an den zurückliegenden hundert Jahren ungarischer Innen- und Außenpolitik, neu und einmalig. Kleine Zuckungen in Richtung diktatorischer Zeiten gab es natürlich zwischendurch, nationalistische Exzesse, die aber durch Einbindung beruhigt wurden. Machen wir uns nichts vor: Ungarn war zwar mehrmals in seiner Geschichte Adressat fortschrittlichen Denkens, nie jedoch dessen Empfänger. Die Idee der Demokratie war eine unbekannte Größe, vielleicht war sie auch nie wirklich gewollt. In der kommunistischen Zeit nannte sich das Land Arbeiter-und-Bauern-Staat, später Volksdemokratie, dann Volksrepublik. Heute heißt das Land ganz einfach Ungarn. Die Bezeichnung Republik hat Orbán per Handstreich verschwinden lassen; das war keine sprachliche Verfeinerung, sondern eine Botschaft. *Res publica* heißt öffentliche Sache, öffentliche Angelegenheit, eine Bedeutung, die man lieber getilgt sehen wollte. In der Tat weist Orbáns Politikstil Züge einer privaten Vorstellung von Staats- und

Gesellschaftbildung auf. Mittlerweile bestimmen jedenfalls er und seine Partei allein, was Ungarn guttut und was Ungarn schadet. Als das Land von der kommunistischen Partei organisiert wurde, gab es so gut wie keine Kommunisten, und heute findet sich kaum ein Demokrat auf der Regierungsbank. Marxisten gab es damals auch nicht, und es ist zweifelhaft, ob Karl Marx je adäquat ins Ungarische übersetzt und gelesen wurde. Genauso unwahrscheinlich ist, dass jene, die heute an der Macht sind, auch nur einen Wochenendkurs in Sachen Demokratie absolviert hätten. Die damaligen Kommunisten waren eher Stalinisten, die die Lehren Stalins nicht kannten, sie kannten nur seine Methoden, die sie, wenn es darauf ankam, engagiert in die Praxis umsetzten. Diese Methoden bestanden vor allem in der Gleichschaltung und in der Ausschaltung jener Elemente, die im Kampf um die Durchsetzung der Ideologie als ungeeignet oder unwillig befunden wurden. Säuberungen. Was nach den Säuberungen blieb, waren trostlose Bürokraten und ein stummgestelltes Volk. Diese gesellschaftliche Lebensform rechtfertigte sich durch die Floskel, für eine glanzvolle Zukunft eine Gesellschaft nach marxistisch-leninistisch-stalinistischem Prinzip herauszubilden. Mit der Gleichzeitigkeit so vieler Denkrichtungen war man in der praktischen Umsetzung einigermaßen überfordert. Für Säuberungen und Menschenjagd musste man aber nicht unbedingt bei Stalin in die Lehre gehen, man konnte beinahe übergangslos auf die eigenen Kenntnisse, Fähigkeiten und Erfahrungen aus der kurz zuvor noch virulenten faschistischen Zeit zurückgreifen.

Diese Mischformen müssten auch heute irgendwie gelingen, sagt sich die Regierung, wenn auch insofern abgemildert, als dass kein Blut fließt, niemand an Laternen hängt oder im Morgengrauen aus der Wohnung geholt wird. Direkter physischer Staatsterror findet nicht statt. Was hingegen stattfindet, ist verbaler Terror. Aufs Jonglieren mit Begriffen und ihre Austauschbarkeit versteht sich Orbán und gibt seinem System einen nach innen und außen hin verständlichen Namen. Und weil niemand aufgehorcht hatte, als Ungarn die Zusatzbezeichnung *Republik* abhandengekommen war, wird sich auch diesmal keiner rühren, wenn er dem Wort Demokratie das Adjektiv *illiberal* beigibt. Das Wörtchen Demokratie ist für ein Mitglied der Europäischen Union unabdingbar, sind doch in der Union lauter demokratische Länder untergekommen, jedenfalls der Verfassung nach. Unabdingbar wiederum ist die Europäische Union für ihr Mitglied Ungarn vor allem deshalb, weil von dieser Union sehr hohe Geldsummen quasi als Schenkung ins Land fließen. Am Beiwort *illiberal* soll ansonsten herumrätseln, wer Lust dazu hat.

Fürs Auge äußert sich der Terror einstweilen in Aktionen bei Nacht, landauf, landab stehen vor Kitsch sich biegende Denkmäler, die sich regelmäßig als jungfräuliche Unschuld und als Daueropfer böser Mächte inszenieren. Gleichzeitig sind wichtige Säulen der Wahrheitsfindung zerschlagen worden, Universitäten, Zeitungen, unabhängige Schulen, gesellschaftsübergreifende Institutionen, die es sich zur Aufgabe gemacht hatten, qua verstandesmäßiger Betrachtung und Darstellung der Gegebenheiten für eine bessere Welt einzutreten. Ja, die Feinde sind besiegt,

Liberale, Fremdherzige, Kosmopoliten und Protagonisten der Weltverschwörung gegen die ungarische Nation: »Wer nicht mit uns ist, ist gegen uns«, dröhnt es aus der Regierungszentrale.

Das Orbán'sche System erinnert nur in Anklängen an das vorgeblich marxistisch-leninistisch-stalinistische der Fünfzigerjahre des vergangenen Jahrhunderts: es gebärdet sich *liberalfaschistisch*, ein wohl schiefer Ausdruck, der jedoch den Habitus dieser obskuren Politik etwas genauer reflektiert als *illiberale Demokratie*, die eine Rückkehr in die dunkelsten Zeitzonen des vorigen Jahrhunderts verspricht. Wo sonst hätte Orbán, der Traditionalist, in Ermangelung eigener Ideen bessere politische Methoden und Praktiken gefunden als in der sprichwörtlichen Mottenkiste von obrigkeitsstaatlicher Willkür und völkischer Ideologie aus der faschistischen und kommunistischen Epoche.

Illiberale Demokratie. Gemeinhin wird der unsägliche Ausdruck für eine spezielle autoritäre Ausprägung der sogenannten repräsentativen Demokratie verwendet. Er beschreibt eine Demokratie, in der Politiker vom Volk gewählt werden, die dann jedoch die politischen Grundrechte des Volkes untergraben und massiv einschränken. Der klassischen Auffassung zufolge handelt es sich um ein System, das zwar allen institutionellen Anforderungen an eine Demokratie einschließlich der dafür nötigen *politischen* Freiheiten genügt, in dem aber die jeweilige politische Mehrheit ihre Entscheidungen nach Belieben fällt, ohne auf Freiheitsrechte verpflichtet und dadurch beschränkt zu sein. Sie ignoriert die Verfassung oder schreibt sie, wie im Fall Ungarns, zugunsten ihrer Herrschaft einfach neu. Bereits John Stuart Mill, 19. Jahrhundert, erkannte die Gefahr, dass die Demokratie so zur *Tyrannei der Mehrheit* verkommt und illiberal wird. In Ungarn ist es indes nicht zur Tyrannei der Mehrheit gekommen, sondern zur Tyrannei einer Minderheit, das heißt zur Tyrannei der Regierung. In der Politikwissenschaft wird die illiberale Demokratie als Unterform einer defekten Demokratie, als Hybridregime zwischen Demokratie und Autokratie klassifiziert.

Die politische Macht wird zentralisiert und die Gewaltenteilung eingeschränkt, der Rechtsstaat wird ausgehöhlt, selbständige Institutionen der Administration werden aufgelöst oder wichtige Posten darin mit Mitläufern besetzt, um der Regierung so direkten Einfluss zu sichern. Ein weiteres wichtiges Merkmal ist der Mangel an Freiheitsrechten. Das betrifft etwa die Meinungs- und Versammlungsfreiheit – neuerdings gilt ein Gespräch zwischen drei Personen an der Straßenecke als Versammlung – oppositioneller Kreise oder die öffentlichen Medien, die nun der Staat kontrolliert, um die Berichterstattung in seinem Sinne formen zu können. Nichtregierungsorganisationen werden Restriktionen unterworfen oder sie werden kriminalisiert und verboten. Kritiker werden durch Bürokratie, wirtschaftlichen Druck oder sogar Gewalt bedrängt. In einer illiberalen Demokratie wird das politisch-thematische *Framing* faktisch durch polarisierende, populistische Positionen verschoben, attackiert, bedeutungslos gemacht. Alle die hier genannten Kriterien erfüllt Ungarn beispielhaft.

Schon vor hundert Jahren machte Mussolini im Liberalismus den größten Feind totalitärer Parteien aus und sah den Aufstieg der illiberalen Demokratie in Europa voraus. Auch Russlands Präsident Wladimir Putin bezeichnete die liberale Idee im Interview mit der *Financial Times* 2019 als überholt. Orbán hatte seine illiberale Demokratie da längst schon errichtet.

Diese Form der illiberalen Demokratie ist zwar in einem formalen Sinne *demokratisch*, da die Partei regiert, die bei der Wahl – *dank* Wahlrechtsreform und einer Neuordnung der Wahlkreise – die meisten Stimmen erhalten hat. De facto ist sie es jedoch nicht, *de jure* vielleicht, das heißt in Übereinstimmung mit dem Rechtssystem der dominierenden Partei. Heute spielen fast alle extremistischen

Bewegungen, welche besondere Ideologie sie auch vertreten mögen, die nationalistische Karte. Daher geht Illiberalismus heute ganz wesentlich mit Nationalismus einher, und zwar zumeist in seiner völkischen, also ethnisch »reinen« Form. Unnötig zu erwähnen, dass »das rein Völkische« ein groteskes Konstrukt ist, das jeglicher demographischen Analyse zuwiderläuft.

Bekanntlich wählen auch Antidemokraten, in Ungarn, in Deutschland, in Polen und so fort, und das durchaus im Rahmen freier, demokratisch organisierter Wahlen. Orbán, Erdoğan, Trump bezeichnen diese ihre Wählerschaft als echte, aufrechte Patrioten. Sie selbst fliehen den Diskurs konsequent, für sie steht fest, dass sie ausersehen seien für die Rettung vor der Katastrophe, die sie heraufbeschwören. Das sind Reden wie in Seenot, gehalten im Maßanzug, und auch der gemäßigte Zuhörer sieht sich mit dem Beweis konfrontiert, dass das Weltende bevorstehe. Ein Blick in die Umgebung würde genügen, um jedes einzelne Detail der Rede zu widerlegen.

Die Forderung *Empört euch!* hat sich umgedreht: Rechtsextremisten empören sich mit Erfolg gegen den gesunden Menschenverstand. Das gemischte Publikum auf sicherem Terrain, das dem deliranten Gefasel dieser Führer ergeben ist, profitiert davon – ein aus der Geschichte schmerzlich bekanntes Bild, vor dem die Vernunft ihrer Ohnmacht schon einmal inne geworden war.

Das Spektrum illiberaler Demokratien ist groß. Es gibt solche, die beinahe als liberale Demokratien durchgehen könnten, und solche, die eher Diktaturen ähneln. Beispiele finden sich in Osteuropa, Asien, Afrika, Lateinamerika und dem Nahen Osten, eine herausragende Rolle spielen gegenwärtig Ungarn, aber auch Polen, Russland unter Putin, die Türkei unter Erdoğan, China mit seinem »demokratischen« Zentralismus, Uganda, Guatemala, Brasilien unter Bolsonaro oder der Südsudan. Ihre Existenz ist eine lebendige und sich ständig erneuernde Warnung an die Welt.

Orbán hat sich von der Demokratie Europas verabschiedet, einem Konzept, dem er nichts abgewinnen konnte, weil ihm die Möglichkeit der Abwahl inhärent ist, zumindest theoretisch. Für sein politisches Überleben war es notwendig, Ungarn in die Staatsform einer illiberalen Demokratie zu verwandeln, und es bleibt abzuwarten, was dem Land noch bevorsteht. Er empfiehlt sich nun lieber halb oder ganz diktatorischen Staatsführern in Russland und China. Innerhalb der düsteren, destruktiven Logik der ungarischen Politik erscheint es ohnehin logisch, dass Orbán seine für das Land Ungarn durchaus nachteiligen, wenn nicht schädlichen Geschäfte in östlichere Gefilde verlegt, denn dort fragt keiner, warum er die Demokratie zersetzt und sich in seiner Alleinherrschaft gefällt. Es ist ein Prozess, und kein Schicksal, wie Orbán es gern proklamiert. Es ist das Werk eines erbarmungslos operierenden, menschenverachtenden Clans an der Spitze des Staates.

Abräumen, Aufräumen. Steht man vis-à-vis zum Parlament, vor dem neuerdings auch die Straßenbahn ihre Fahrt stark verlangsamt aus Respekt vor dem Hohen Haus, erblickt man zum rechten Flügel hin einen hübschen Park. Kinder spielen, Touristen fotografieren, das Übliche. Weiter rechts hinter dem Park fließt die Donau, man kann sie sehen, sie dümpelt nicht, sie fließt korrekt, den Gewohnheiten eines großen Stroms entsprechend. Lebende und Tote würden rasch davontreiben. Auf der gegenüberliegenden Seite der Donau erheben sich die Hügel von Buda. Von dort hat man freie Sicht auf die Donau und kann sie bei allen Wetterlagen bewundern. Ein guter Platz, wenn man sich Sichtbarkeit wünscht, um Macht zu demonstrieren und Menschen in den Fluss schießt, stößt, tritt. Das Ereignis kann von sämtlichen Schaulustigen mitverfolgt werden, die sich in den Fenstern des Parlaments, im Park, auf der Budaer Seite und auf den breiten Promenadenufern zu beiden Seiten des Flusses drängen. 1944 wurden hier, nur wenige Schritte südlich und nördlich vom Parlament entfernt, Tausende Juden in die Donau geschossen. Nach dem Ersten Weltkrieg wurde im Park die Statue eines Politikers aufgestellt, er war für kurze Zeit der erste demokratische Ministerpräsident des Landes. Dann floh er vor dem von Horthy angeführten Weißen Terror ins Ausland. In den 2010er Jahren hat das von Orbáns Partei Fidesz beherrschte Parlament beschlossen, den Park in den Zustand von 1944 zurückzuversetzen, jenes Jahres, als der ungarische Nazismus und Faschismus auf dem Höhepunkt war. Die Statue des demokratischen Ministerpräsidenten wurde als erste entfernt, bald darauf auch jene von Attila József. Denn der große moderne Dichter Ungarns hat aus seiner Abneigung gegen die Demagogen, Faschisten und Nationalisten nie einen Hehl gemacht. 1937 beging er Selbstmord, er war 32 Jahre alt. Der Park, wie es ihn gab, existiert nicht mehr.

Das Abräumen von Denkmälern für progressive Politiker und Künstler aus dem öffentlichen Raum findet unter Orbán am laufenden Band statt. An deren Stelle treten solche für reaktionäre Figuren, die für eine Politik des Blut und Boden stehen, oft von einer »künstlerischen« Gestaltung, die auch für robustere Naturelle eine Herausforderung darstellt.

Anstelle der filigranen, sympathischen Statue von Attila József findet sich nun ein von der Regierung beauftragtes überdimensioniertes Monument, eine Amok laufende Vorstellung von *wahrer Bildhauerei*, die in stilloser Gigantomanie in die Höhe ragt, eine Autorität heischende, gleichwohl lächerlich anmutende Monstrosität als Pendant zum vergleichsweise zierliche Details aufweisenden Parlamentsgebäude. Es ist eine Gruppe von acht oder neun männlichen Gestalten, die glücklos, mit gesenkten Blicken, nebeneinanderstehen und einander nicht zur Kenntnis nehmen. Sie starren auf den Boden, vielleicht weil dort zu ihren Füßen die schwer zu entziffernde Zukunft Ungarns liegt, zweifellos ein Grund zum Grübeln. Die Gebärde soll wohl Nachdenklichkeit simulieren, doch vermittelt sie nichts weiter als in Stein gehauene, unfreiwillige Frustration. Riesige Köpfe, Schnurrbärte, schlecht sitzende schwere Mäntel in Weiß, sechs, sieben Meter große düstere Gestalten, die das gewichtige Denkertum Ungarns verkörpern sollen und zur eher stumpfsinnigen Huldigung an die erwünschte nationale Größe geraten sind. Ihre unendliche Leere jagt dem Betrachter unversehens einen Schrecken ein. Der reine stalinistische Kitsch, das ist die gegenwärtige Staatskunst.

Konformität. Nun ist das Parlament tot, Orbáns offensiver Quietismus hat den Sieg davongetragen. Vor und nach seiner Rede herrscht Stille, eine Stille, die von keiner einzigen Frage an ihn durchbrochen wird. Kommt es zur unvermeidlichen, weil die Form wahrenden Abstimmung, hebt man die Hand zum Ja. Niemand gähnt. Der bedeutendste Mitläufer, der Parlamentspräsident, einst Jungkommunist wie Orbán, jetzt Faschist, notiert gemütlich mit einem lila blinkenden Kugelschreiber, einem Geschenk aus Aserbaidschan anlässlich der Freilassung eines Polit-Mörders, der einige seiner aserbaidschanischen Landsleute, die es wagten, sich gegen die Diktatur in ihrer Heimat aufzulehnen, mitten in Budapest mit einer Axt erschlagen hatte und den die ungarische Regierung gestenreich nach Baku überstellte, wo er, der mehrfache Mörder mit archaischen Mitteln, seinen Platz als freier Bürger sofort wieder einnahm: *einstimmig angenommen.*

Wahrhaft aufsehenerregende Auftritte im Budapester Parlament hatte es zuletzt in der Nazizeit gegeben: Kaum belesene, viel gelesene Schriftsteller traten ans Rednerpult im vollbesetzten Hohen Haus, hielten glühende Reden auf Hitler, auf Nazideutschland, auf Mussolini und den italienischen Faschismus, sie hielten Plädoyers für die Endlösung, spornten die Abgeordneten an und beglückwünschten sie, diesen glänzenden Beispielen für Ungarns Zukunft gefolgt zu sein.

Für die Gestaltung der Zukunft heute trug Orbán geeignetes Material zur Neuordnung seiner Kulturpolitik bei und empfahl die Nazischriftsteller József Nyírő und Albert Wass als herausragende Gestalten der ungarischen Literatur; auch Cecile Tormay mit ihrer schwülstigen, monomanischen Heimatprosa, von der Stimmung her verwandt mit den Fotografien Leni Riefenstahls. Nach dem Zweiten Weltkrieg war es verboten gewesen, Werke dieser Autoren zu verlegen, doch dank der Fürsorge der radikalnationalistischen Regierung erleben sie heute ihre Renaissance. In großen, staatlich subventionierten Auflagen füllen ihre Werke die Regale in den Buchhandlungen und sind in den Schulen zur Pflichtlektüre avanciert. Die Umsetzung dieser schäbigen Idee wurde im Gegensatz zur *Schweizwerdung* nicht angekündigt, sondern zugunsten jener künftigen Gesellschaftsbildung, die Orbán in allen ihm relevant scheinenden Bereichen vorantreibt, stillschweigend durchgedrückt. Albert Wass, dieser nun wiederbelebte tote Dichter halbtoter Gedichte, wurde nach Kriegsende in Jugoslawien, anderen Quellen zufolge in Rumänien, wegen mehrfachen Mordes als Kriegsverbrecher zum Tode verurteilt und floh in die USA. Nyirő, der bis zuletzt mit den Pfeilkreuzlern kämpfte, setzte sich ins faschistische Spanien ab, buchstäblich in letzter Minute vor seiner Verhaftung und Verurteilung. Eine seiner Reden im Parlament enthielt die folgende Passage:

»Weg mit den Brunnenvergiftern, mit denjenigen, die die ungarische Seele zerrütten, unseren Geist infizieren, denjenigen, die die ungarische Kraftentfaltung verhindern. Weg vor allem mit den Feinden, ob Menschen oder Ideen, Interessenvertretern oder Ideenströmungen, Personenkreisen, die hinter der Maske der Kultur und des sogenannten Humanismus individuellen oder internationalen Zielen dienen. Diese Auffassung, diese abgewirtschaftete jüdische Tradition, die auch viele gutgläubige Ungarn infiziert hat, ihre versteckte Propaganda muss aus dem ungarischen Leben verschwinden. – ›So ist es! So ist es!‹, riefen begeistert die Abgeordneten. – Minister Goebbels, dieser junge, brillante, mit jeder Faser Verstand und Genialität ausstrahlende, außerordentlich kultivierte, leise sprechende, in seinen Bewegungen grazile, aber tatkräftige Mann, der geistige Führer Deutschlands mitten im Weltbrand, wo er den glorreichen Kampf seiner Heimat kämpft. In diesen Tagen wird das geistige Europa neu geboren. Ich bin glücklich und glücklich ist die ungarische Literatur, dass auch wir an diesem geistigen Aufbau teilnehmen können. Gerade habe ich in der Kirche ein schönes Gemälde gesehen, auf dem Luther auf jenen Bibelvers deutet, der besagt, dass uns das Blut reinigen werde. Das Blut reinigt Europa. Im Namen des Friedens, im Namen der Seele und im Namen des neuen Geistes halten die Völker Europas zusammen und finden einander. Aus ganzem Herzen, von ganzer Seele wollen wir das Bündnis annehmen. Es lebe Adolf Hitler! Es lebe Deutschland! Es lebe die deutsche Literatur!«

2004. In der sozialdemokratischen Regierungsperiode, da Ungarn in die Europäische Union geführt wurde, verlieh Árpád Göncz, Staatspräsident, Schriftsteller, Politiker von beispielhafter Besonnenheit und Bildung, dem aus Siebenbürgen stammenden amerikanischen Schriftsteller und Friedensnobelpreisträger Elie Wiesel den Verdienstorden der Republik Ungarn.

Republik Ungarn. Nach Orbáns zweiter Machtübernahme 2010 und seiner gleich darauf erfolgten Anordnung, Ungarn den Beinamen Republik zu entziehen sowie den Begriff *Bürger* auf die abstruse Bezeichnung *magyarischer Mensch* herabzustufen, führte sein Freund László Kövér, nunmehr Parlamentspräsident, in einer parlamentarischen Fragestunde aus, dass József Nyirő kein Kriegsverbrecher, kein Faschist und kein Antisemit gewesen sei. Sodann schob er noch die abgestandene These hinterher, dass in der Beurteilung künstlerisch tätiger Menschen immer vorrangig das Werk zu sehen sei. *Unserem* ungarischen Schriftsteller Nyirő gebühre Anerkennung für sein literarisches Lebenswerk ungeachtet seiner zweifellos irrigen politischen Tätigkeit. Frieden entstehe durch vergebende Erinnerung.

Elie Wiesel reagiert. »Als unwahr, unwürdig und inakzeptabel bezeichne ich Ihre Äußerungen zum Weißwaschen tragischer und krimineller Episoden in Ungarns Vergangenheit, Herr Kövér. Mit tiefer Bestürzung und Empörung habe ich von Ihrer Teilnahme, gemeinsam mit dem ungarischen Staatssekretär für Kultur Géza Szőcs und dem Vorsitzenden der rechtsextremen Partei Gábor Vona, an einer Zeremonie im rumänischen Siebenbürgen erfahren, in der József Nyirő geehrt wurde, ein Angehöriger des nationalsozialistischen Pfeilkreuzler-Parlaments. Es ist ungeheuerlich, dass der Vorsitzende des ungarischen Parlaments der Ehrung eines ungarischen faschistischen Ideologen des Horthy- und Szálasi-Regimes beiwohnt. Dieser Neuigkeit folgt die wiederauflebende Praxis, öffentliche Plätze nach Miklós Horthy zu benennen und Albert Wass und andere Gestalten, die das ungarische faschistische Regime mittrugen und nach Kräften unterstützten, nicht nur zu rehabilitieren, sondern deren Werke systematisch in den ungarischen Lehrplan aufzunehmen. Es ist zudem klargeworden, dass die ungarischen Behörden dazu ermutigen, die aktive Rolle der damaligen ungarischen Regierung bei der Deportation und Ermordung Hunderttausender jüdischer Mitbürger zu beschönigen. Mit solchen Aktivitäten will ich nicht in Verbindung gebracht werden. Darum gebe ich hiermit den Verdienstorden der Republik Ungarn zurück.«

1950, Erzbistum zu Genova. Wo war der Bischof? Ein Bischof verfügt über Jurisdiktionsgewalt, eine Art Vollmacht des Klerus. Vielleicht weilte jener gerade in der Nähe des Apostolischen Stuhls im Vatikan und ließ sich deshalb von einem Untergebenen vertreten. Vielleicht war er auch hier in der herrlichen Hafenstadt Genova, ruhte aber noch oder stand unter der Dusche, danach wartete das Frühstück auf ihn, ein ganz normaler Tag. Vielleicht sagte er beiläufig zu einem, der schon gefrühstückt hatte, übernimm du mal für eine halbe Stunde. Jedenfalls saß hinter dem Schreibtisch, vor dem Adolf Eichmann saß, der zu jener Zeit als Franziskanermönch geführte Eduard Dömötör, und er machte sich daran, den gefälschten Ausweis Eichmanns durch seine Unterschrift und den angefeuchteten Stempel zu legalisieren. Das Motiv des Stempels war kein Luftballon, sondern das Ehrenzeichen des Vatikans. Nach dem vollzogenen Akt hieß Eichmann nun Ricardo Klement und er entkam ohne Zwischenfälle nach Argentina. Wer tatsächlich Dömötörs Eigenständigkeit autorisierte, ist genauso im Dunkel geblieben wie auch seine Person. Klar ist nur, dass er ein Ungar war, Christ und katholischer Würdenträger. Unklar ist, in welcher Beziehung er zu Eichmann stand, ob ihm dessen Rettung wonnige Gefühle verschaffte oder nicht. Er schien sehr darauf bedacht, seine Spuren zu verwischen, seine politische Überzeugung in der Schwebe zu halten. Folglich widersprechen sich Aussagen über ihn. In einem jedoch sind sie sich einig: Der Franziskanermönch gab, bevor er sich nach Venezuela absetzte, ein Emigrantenblatt heraus für Ungarn in aller Welt und schrieb regelmäßig selbst Beiträge, die zu Beginn der Woche leidenschaftliche Fürsprache enthielten für den ungarischen Faschismus und für die Pfeilkreuzler, um sie am Wochenende um Mäßigung zu bitten.

Identität. Nichts bewegt das Innenleben eines Ungarn mehr, als von sich zu wissen, dass er Ungar ist. Das sind die Ungarn nun schon seit tausend Jahren, aber es tut ihnen gut, diese angenehme Selbsterfahrung immer wieder aufzufrischen. Mit Ausnahme von Matthias Corvinus, dem einzigen brillanten, humanen König Ungarns, der die Renaissance, der Kunst und Künstler und Architekten, vorzugsweise aus Italien, ins Land brachte, haben fast all ihre Könige ihnen regelmäßig zugestanden, dass die Ungarn Ungarn sind und zu Recht in Ungarn leben. Der Erste Weltkrieg rief sie als Patrioten zur Waffe, die sie begeistert ergriffen, in der fragilen Zwischenkriegszeit war es Horthy, der ihnen diese sattelfeste Identität eingab und sie in einen Krieg gegen die Sowjetunion schickte, aus dem sie den Weg zurück in die geliebte Heimat nicht mehr fanden. Aber auch zu anderen obskuren Zeiten, im Kommunismus, später Sozialismus, blieben die Ungarn definitiv Ungarn. Der Patriotismus, Heimatliebe als Äquivalent der Selbstliebe, erwärmte ihre Seelen, in Kindergärten und Schulen, auf der Arbeit, auf Wiesen und Hügeln und in den Bergen. Kein Dorffest ohne Küsse auf die Trikolore, lodernde Fackeln und Heimatlieder. Nur wenige fanden die Donau verdreckt, die Theiß voller Vipern und Mücken, den Nimbus des Plattensees als schönstes Meer des Ostens lächerlich, die Luft verpestet, die Straßen staubig, das Leben trist. Später freute man sich über die Wende, nun könne Westeuropa sehen, was ungarische Gastfreundschaft bedeutet. Dann ließ die Freude im Lande allerdings nach.

Es ist eine der tragenden Säulen Orbán'scher Innenpolitik, den Ungarn wiederzugeben, was sie in seinen Augen zu verlieren drohen, ihren Stolz aufs Ungarntum, auf Paprika und Schnaps, ihren Respekt vor ihren ungarischen Führern. Unmissverständliche Botschaften; nach wie vor erzielt der Werbespruch von der *nationalen Identität* den gewünschten Effekt.

Für Sartre gibt es keine Identität, er wusste, dass das eine nie ganz zu klärende Erscheinung sei, eine Idee von etwas, wofür eine neue Wissenschaft erfunden werden müsste. Identität sei eine Größenordnung ohne Größe und ohne Ordnung, es sei denn, man wolle sich desselben Musters bedienen, wie die Nazis es taten. Dass der Broccoli eine Identität habe, hat Sartre nicht bezweifelt. Seine vollendete Form von Identität erreicht der Broccoli entweder, wenn man ihn brät, grillt, kocht und verzehrt, oder, falls man keine Verwendung für ihn hat oder er sich im Supermarkt diskret im Regal versteckt, im Zustand der Fäulnis.

Politologisches im Land des Lächelns. Protokoll einer repräsentativen Umfrage zur soziokulturellen Bildung in der Spätphase des Sozialismus im Jahre 1987, durchgeführt im fortschrittlichen Budapest.

a.

Journalist:	Wer war Marx?
Passant:	Oh, bitte, fragen Sie mich nicht solche Sachen.
Journalist:	Nicht mal mit ein paar Worten können Sie antworten?
Passant:	Ich möchte lieber nicht, wenn Sie erlauben.
Journalist:	Und warum nicht?
Passant:	Ehrlich gesagt – ich habe keine Zeit, mich mit diesem Problem zu beschäftigen.
Journalist:	Sie haben aber doch bestimmt in der Schule mal von ihm gehört?
Passant:	Ich war öfter abwesend.

b.

Journalist:	Wer war Marx?
Passant:	Marx war ein sowjetischer Philosoph. Engels war sein Freund. Was könnte ich noch hinzufügen? Er starb in einem sehr hohen Alter.
Passantin:	Natürlich weiß ich, wer Marx ist. Er war Politiker. Er war, wissen Sie, wie hieß er, wie hieß er denn noch, Lenin! Lenin, ja, er hat

die gesammelten Werke von Lenin ins Ungarische übersetzt.

c.

Passant: Marx war Deutscher. Ein Politiker. Wenn ich mich recht erinnere, wurde er zum Tode verurteilt.

Journalist: Können Sie mir sagen, welche Staatsform in unserem Land herrscht?

Passant: Sie meinen, jetzt im Augenblick? In diesem Jahr?

Journalist: Ja, jetzt.

Passant: Soviel ich weiß, sind wir Sozialisten. Ja. Aber ich muss sagen, wissen Sie, ich kenne mich mit Systemen nicht gut aus.

Journalist: Sagt Ihnen der Name Groucho Marx etwas?

Passant: Grautscho? Grautscho ... ein Neffe von, ich meine, Marx oder? Pardon, natürlich nicht der Neffe, sondern ein Nachkomme, und er war sehr musikalisch. Jedenfalls hat Bartók das mal gesagt.

d.

Journalist: Wem zu Ehren wurde dieser Platz Marx-Engels-Platz genannt?

Passant: Dem Engels zu Ehren.

Journalist: Wer war Engels?

Passant: Er war Engländer, er wurstelte irgendwie mit dem Kommunismus herum.

e.

Journalist: Wissen Sie, wem zu Ehren dieser Platz Marx-Engels-Platz genannt wurde?

Passant 1: Woher soll ich denn das wissen. Ich bin fremd hier. Ich bin nicht aus Budapest, bin vom Land.

Passant 2: Einen Augenblick … Engels? Er war ein Revolutionär.

Journalist: Und wissen Sie, wie er mit Vornamen hieß?

Passant 2: Engels, Marx, Marx, Engels … Marx, nicht wahr?

f.

Journalist: Und wo lebte Engels?

Passant: Ja, wo er wohnte … Leningrad, das heißt in Moskau.

Journalist: Und wem zu Ehren ist der Marx-Engels-Platz?

Passant: Gerade ihm zu Ehren. Wie gesagt, er lebte in der Sowjetunion. Dort hat er mal ein bisschen studiert, und eine Zeitlang lebte er auch in Ungarn, wenn ich nicht irre. Genau weiß ich das aber nicht.

g.

Journalist, *bei einer kleinen Gruppe*: Sagen Sie, meine Herrschaften, warum heißt dieser Platz hier Marx-Engels-Platz?

Passant: Nein, nein, wir kommen aus Szeged, also wir wissen das nicht.

Journalist: Woher stammte Engels?

Passant: Soweit ich mich erinnern kann, stammte Engels aus Deutschland.

Journalist: Und wie hieß er mit Vornamen?

Passant: Karl! Oder Károly! Hieß Marx vielleicht auch Károly? Das weiß ich nicht, keine Ahnung, ist ja auch egal. In der Schule wurde er immer Engels genannt, das Thema war Pflicht in der Schule.

Sprache als Gebrauchsanweisung oder einfach im Bilde sein. Sie war angenehm, die relativ duldsame Zeit bis vor ein paar Jahren. Zwar drohte der Himmel auch damals jederzeit über uns einzustürzen, doch konnte man einstweilen ungestraft reden, schreiben, leben. Es ist noch nicht lange her, dass das Angstpotenzial der Regime im Osten Europas schwand und der partikularen Neugier auf das bis dahin Abweichende Platz machte. Diese Zeit begann kurz vor der Wende 1989 und währte vier, fünf Jahre. Doch dann erwies sich der Weg vom Hören über das Verstehen zum Verkünden als zu lang und holprig. Beim ersten Stolpern war die Idee gleich aus der Hand geflogen; der kurzatmig eingeleitete Prozess der Emanzipation, in dem die politische und wissenschaftliche Praxis den Dialog zwischen politischer und poetischer Kultur zu konstituieren suchte, war gescheitert. Eben noch hatten so kritische wie frische Köpfe großartige Politik gemacht, der Schriftsteller und Staatspräsident Vacláv Havel in Tschechien oder Árpád Göncz, Schriftsteller und Staatspräsident, in Ungarn, da wurden sie auch schon vergessen. Es kommt einem so vor, als hätte es sie nie gegeben. Worüber nicht gesprochen wird, existiert nicht.

Fortschrittsfeindliche Politiker und opportunistische Historiker sind sich darin einig, dass es besser sei, Verbrechen der Willkürherrschaft, wenn sie erst einmal erfolgreich vertuscht worden sind, lieber im Grab der Geschichte zu belassen. Der Schutz repressiver Geschichtsbilder obliegt der Zensur; anders als die Macht kann ein Text sich nicht wehren. Die Verstrickung von Text, Staat und Kontrolle hat wieder Konjunktur, und was zunächst diskussionswürdig schien, bleibt der Spekulation verhaftet. Totalitäre Methoden erleben eine Neuauflage. Zensur und Denunziationen sind wieder salonfähig geworden in einer Gesellschaft, die der Obstruktion ihrer gedanklichen Entfaltung gleichgültig bis verängstigt gegenübersteht. Den Mächtigen bietet dies beste Voraussetzungen dafür, ihre private Meinung zur öffentlichen Meinung zu veredeln und diese beliebig zu streuen. In Ungarn verbreiten mittlerweile fast alle Fernsehanstalten, Radiosender, Internetportale und Printmedien ausschließlich Regierungspropaganda. Dank der Rückkehr der Zensur in all ihren Formen – klassisch, präventiv, passiv sowie Selbstzensur – gehört die sachliche Information der Vergangenheit an. Die objektive Analyse und ihre Vermittlung bleibt einem verschwindend kleinen Zirkel vorbehalten. Ziel der Medienregulierung ist es, den die Welt begrenzenden Horizont noch weiter zu verengen, die Sicht auf die Ereignisse im eigenen Land radikal zu behindern. In dieser heimelig-spießigen Enge übernimmt das Regime die Interpretation vergangener und gegenwärtiger gesellschaftlicher Prozesse, einzig seine Zukunftsprognose zielt rosa leuchtend in gerade noch sichtbare Ferne.

Demokratie, Gedankenfreiheit, Toleranz und Aufklärung sind nicht länger erstrebenswerte Güter, eine zivilisatorische Aufgabe. Gedankenfreiheit gilt allein für die phantasievolle Erfindung von Lügen, die das Regime verbreitet, sie werden zur gelebten Wirklichkeit. Man muss schon eine Zeitung oder ein Buch aus dem Ausland aufschlagen, um zu erfahren, was im eigenen Land passiert, was hinter dem engen Horizont liegt. Auf jede kritische Anmerkung zur Zensur folgt ihre Inversion, die Zensur wird verschärft, und das beschleunigt wiederum die Mechanismen der Selbstzensur. Das Ausmaß an Repression wirkt auf den Normalbürger mittlerweile derart entmutigend, dass er kaum noch ein Minimum an Courage wagt.

Der Wortsinn wird systematisch entlüftet und durchlöchert, bis zur völligen Entwertung seiner Bedeutung. Diese radikale, aggressive Form der Kontrolle wird zwar bestritten, aber mit zynischen Floskeln aus den Mündern regimetreuer Kontrolleure in Rathäusern, Intendanzen, Redaktionen, Kirchen, in der Armee, der Polizei, in den Auslandsvertretungen. Die Idee der Rede- und Gedankenfreiheit gehört einer kurzen, bereits vergangenen liberalen Periode an, in der sich Autor und Zensor von der sie jagenden Paranoia endlich zu befreien hofften. Der Schierlingsbecher, der für eine kurze Zeit vom Tisch geräumt war, steht wieder griffbereit da. Zensur ist immer dort erfolgreich, wo sie in Selbstzensur mündet. Ihr wohl spektakulärster Fall war jener des großen Wissenschaftlers, der bereit war zu leugnen, dass die Erde eine Kugel ist, und den Zensoren gestand, sie sei eine Scheibe. Er wollte gern am Leben bleiben. Es geht immer um Leben und Tod.

Oft klagen Schriftsteller, Leser und Literaturliebhaber über die mangelnde Dichte der Texte seit dem Verschwinden der Zensur. Der chinesische Schriftsteller Mo Yan verteidigt die Zensur in seinem Land sogar, wenn er sagt, er sehe sie als ein zwar unangenehmes, aber manchmal notwendiges Mittel an. Die literarische Zensur vergleicht der Nobelpreisträger mit den Sicherheitschecks auf Flughäfen. Über politische Repressalien verliert er kein Wort. Vielleicht denkt er dabei an das Internet, von dem Enzensberger einmal gesagt hat, es sei der größte Misthaufen, den die Menschheit sich errichtet hat. Abertausende Zensoren und Auftragsübersetzer aus allen Sprachen sitzen vor den Computern und filtern Unzeitgemäßes heraus, trennen Zulässiges von Unzulässigem, große Perversionen von kleinen, eine kaum zu bewältigende Aufgabe. Der Freiheit des Internets, mehr und mehr in Abhängigkeit verkehrt, kann offenbar nur durch Kontrolle begegnet werden. Wer möchte schon in seinen E-Mails von anonymen Absendern mit Plänen zum Bombenbau, Vorschlägen zum Menschenhandel, Aufrufen zur Vernichtung von Menschengruppen oder Konzeptionen für Attentate vertraut gemacht werden. Den Code zerstörerischer Absichten gilt es unablässig neu zu knacken. War Zensur zuvor ein unerbittlich geführter Kampf gegen die Minderheit Literatur, ist sie im Fall des Internets ein Kampf gegen die Mehrheit. Für viele Googelnde ist die Erde eine high-tec-tonische Scheibe zur privaten Nutzung.

Aber vielleicht spielt Mo Yan nicht auf das Internet an. Das Stöbern in Reisetaschen nach versteckten Bomben am Flughafen mit der Zensur zu vergleichen, ist möglicherweise ein subtiler Hinweis auf die Explosionskraft von

Texten. Ihr begegnet die Macht insofern konstruktiv, als sie selbst zur Waffe greift und damit die Explosionskraft der Worte, Sätze, Theorien und Parolen noch steigert: während der Nazizeit waren sie tatkräftige Helfer, Vorbereiter und Begleiter von Krieg und Massenmord. Wort und Tat deckten sich bald vollständig.

Zensur, zu deren Wesen es gehört, dass sie sich zum Zeitpunkt ihres Vollzugs nicht sofort definieren lässt, und Selbstzensur sind gelebte Realität in Ungarn. Von Zensur beim Fernsehen zu sprechen, ist schon deshalb überholt, weil in den Redaktionen nunmehr regierungstreue Leute sitzen, die im Sinne des Regimes handeln. Die Selbstzensur in den Institutionen übersetzt Kritisches in Unkritisches, Einleuchtendes in Dunkles, Wahrheit in Lüge. Zensur sorgt für ein spezifisches Klima der Verunsicherung, Selbstzensur ist das Bekenntnis zur eigenen Ohnmacht dem System gegenüber. Die Grenze zwischen Angst, Feigheit und Tücke ist fließend. Für die Erledigung der präventiven Zensuraufgaben stehen jene zur Verfügung, die die Tausenden Stellen der von der Regierung entlassenen investigativen Fernseh- und Rundfunkredakteure bzw. Journalisten eingenommen haben. Eine neue, bereitwillig kollaborierende Garde. Ihre Arbeit beschränkt sich aufs Fälschen, auf die Säuberung der Sprache für den aktuellen Gebrauch. Sie retuschieren Bilder, in die durch ein Versehen des Kameramanns unliebsame liberale Köpfe hineingeraten sind. Sie sorgen dafür, dass Oppositionspolitiker nicht mehr auf dem Bildschirm erscheinen. Sie montieren Bilder zu falschen Texten und Texte zu falschen Bildern. Übersetzen Nachrichteninhalte in regimekonforme Sprache und schaffen genehme Beiträge für die Hauptsendezeit der Tagesschau herbei.

Szenen aus dem Landleben: Die siebenminütige Einstellung zeigt aufrechte ungarische Pflasterer beim Erneuern eines Dorfstraßenabschnitts in der Länge von 15 Metern. Gesicht, Teer, Spitzhacke, Schwenk auf die Landschaft, Spitzhacke, Teer, Gesicht. Auf diesen missverstandenen sozialistischen Realismus folgt leichte, heitere Kost, nun sieht man sechs Minuten lang der feierlichen Eröffnung eines Kindergartens in einem Dorf im Nordosten zu. Im Bild fünf geistesabwesend im Sand spielende Kinder, dahinter ein kleiner flacher Neubau mit winzigen einbruchsicheren Fenstern, zwei ins Nachdenken versunkene, mäßig fotogene Erzieher, ein Dalmatiner unter ein paar bunten Luftballons. Dann, kurz im Bild, das konzentriert arbeitende Drehteam, bestehend aus etwa 18 Personen, von denen 17 im Stehen auf die Szenerie starren, bis dann der Ortsvorsteher vor die Kamera tritt, ein ausgewiesener Freund der Meinungsfreiheit, mit Schnurrbart und Kokarde. Zum Ende eines glücklichen Tages erklärt er: »Endlich ist es so weit, das Haus nimmt hiermit seinen Betrieb auf. Wir sind kinderlieb.« Die restlichen zwei Minuten beansprucht der Wetterbericht. Die Bilder geraten in echte Bewegung, werden etwas stürmisch zu den rhapsodischen Klängen der Volksmusik. Um Mitternacht, bevor die Hymne erklingt und Orbán den Landsleuten eine gute Nacht wünscht, gibt es schnell noch Nachrichten aus aller Welt, zu mindestens 14 Tage alten Ereignissen und Bildern, begleitet von frisch frisierten Texten über skurrile Ereignisse aus Europa, Asien und

Amerika, lauter rasant gesprochene, nichtssagende Phrasen. Nach solcher Berichterstattung lehnt sich der Zuschauer, der zu dieser späten Stunde noch wach oder am Leben ist, zufrieden zurück, alle Welt hat in seiner Sprache zu ihm gesprochen.

Nach der Empörung, dem Aufschrei endlich auch auf hoher politischer Ebene im westeuropäischen Teil der Europäischen Union wegen eines neuen menschenverachtenden Gesetzes, das alle Erscheinungsformen der Diversität und Homosexualität – ein Ungar ist nicht schwul, nicht Jude, kniet nicht in Moscheen, gerade deshalb ist der Ungar Ungar – zu kriminellen Delikten stempelt, stand anderntags in der ungarischen Presse: *Viele führende Politiker in Europa ergreifen Partei für das Gesetz und damit für Orbán* – derweil die Präsidentin der Europäischen Kommission ebendieses Gesetz eine Schande genannt hat. Würden die atemberaubenden Fälschungen, die dieser Aussage auf Ungarisch widerfahren und die Bevölkerung idiotisieren, in die Ausgangssprachen zurückübersetzt, um zu verstehen, wie das Regime auch auf diesem Gebiet agiert, wäre der Aufschrei in Brüssel womöglich noch größer. Es obliegt dem Regime, das sich die Lizenz zum Alleinsprecher erschlichen hat, kundzutun, was in der Welt und in der Heimat passiert, alles stets besänftigende Nachrichten, die Freunde halten zu uns und der Feind ist eben feindlich, nicht weiter relevant, sodass Zuschauer und Zuhörer sich gemütlich einrichten können.

Vor der Sprache im öffentlichen Raum liegt keine geöffnete Zukunft, sie liegt begraben in der verstümmelten Gegenwart. Sie ist längst nicht mehr das, was für Seamus

Heaney bis zu einem gewissen Grad Janus verkörpert, »der zurückschaut auf eine Verästelung von Wurzeln und Assoziationen und nach vorn in Richtung einer Aufhellung von Sinn und Bedeutung«. Manchen Ungarn nötigt diese Sentenz nur einen wehmütigen Seufzer ab, denn die Sprache, die ihnen tagtäglich zugeführt wird, hat keine Verästelungen, sie ist gestutzt, ist ein riesiger toter Baumstamm, der das Licht aussperrt.

Poesie wird mit Pathos verwechselt, und das Pathos genießt hohes Ansehen. Als feste folkloristische Größe gehört hohles Pathos zum nationalen Kulturgut. Texte sind eine Sache zum Träumen, zum Schwelgen in Schönheit, ihr Realitätsgehalt ist nicht von Interesse. Kulturpolitik begreift sich als Antipode zur Kultur.

Durch die Rückständigkeit der Sprache und den Umgang mit ihr klafft zwischen ihr und der Realität ein unüberwindbarer Abgrund, der von der Politik immer weiter vertieft wird und aus dem sie, beliebig zwischen den Zeiten und Begriffen tänzelnd, schlingernd eher, ihren Profit zieht. Pathos als Selbstzweck. Das Schwelgen in Schönheit zeigt sich von seiner Kehrseite und wird zum Kriechen im Elend. Mittags erklärt die ungarische Politik in Brüssel ihre neuesten demokratischen Errungenschaften, am Abend sitzt sie im Nazitheater, das steht im ehemaligen jüdischen Ghetto und hat Stücke von József Nyírő auf dem Spielplan. Eine nicht hinnehmbare staatliche Provokation, die niemand im Land beanstandet.

Vermittels ihrer gegenwärtigen politischen Handhabung wehrt sich die Sprache erfolgreich gegen jegliche Modernisierung und Veränderung, sie ist regressiv. Begriffe, ganze sprachliche Strukturen und mit ihnen Denkgewohnheiten aus der Zeit der faschistischen und kommunistischen Diktatur, durchtränkt vom Pathos der Frühromantik, fließen unverwandelt ins Jetzt. So verwundert es nicht, wenn selbst progressive Autoren mit Ausdrücken wie »Volkskörper« aufwarten, ein in der Antike noch harmloses Wort, das durch seine Karriere in der ungarischen und deutschen Nazizeit kontaminiert ist und seine völkisch-rassistische Konnotation nicht mehr loswird. Auch Formulierungen wie »Kristallnacht der Partisanen« werden dem literarischen Text untermischt, wenn diese im Krieg ein Dorf nach versteckten Nazis und ihren Kollaborateuren durchforsten. Ein solcher für das politische Ungarn nicht unüblicher Nonsens ist, möchte man meinen, infolge der staatlich organisierten Geschichtsfälschung eher reflexhaft in die Erzählung eingeflossen. Dennoch wird er zum bedrückenden Zeugnis der Gedankenlosigkeit des Autors.

Kristallnacht. Ein Ausdruck, reserviert für ein ganz bestimmtes Verbrechen, nicht zu entleihen aus dem historischen Kontext der *Reichskristallnacht*. Dieser Kontext aber ist in der vorliegenden Erzählung nicht gegeben. Das Wort zeugt hier von einem kruden Geschichtsverständnis, provoziert hinterrücks, ist ganz einfach unzulässig. Vielleicht ist der Terminus dem Autor aus Versehen untergekommen. Vielleicht jedoch spielt er mit dem Begriff, will eine Diskussion lostreten, missbraucht ihn als Analogie für das Aufrechnen von Schlimmem gegen Schlimmes.

Wenn der Autor Zeitgenosse ist, wird man ihn um ein Gespräch, um Klärung bitten. Vielleicht wohnt er irgendwo unten an den östlichen Ausläufern der Alpen. Man wird ihn anrufen und höflich fragen, ob er meint, was er schreibt. Ob er senil ist, reaktionär und so weiter. Oder ob er nach reiflicher Überlegung beziehungsweise in aller Sorglosigkeit auf eine andere Sicht – welche? – der »Kristallnacht« hinweisen wollte, die bisher in den Texten, Analysen, Betrachtungen zu kurz gekommen war. Auf jeden Fall wird es um historische Fakten gehen, darum, den Autor mit diesen zu konfrontieren. Er steht ja mit dem logischen Denken nicht auf Kriegsfuß, das beweist seine Erzählung auf den restlichen Seiten. Der Autor windet sich, es decke sich mit dem üblichen Wortgebrauch, sagt er, von der »Kristallnacht der Partisanen« sei in seiner Gegend immer schon die Rede gewesen, während des Kriegs und danach, noch viele Jahre lang, eigentlich bis heute. Wer ist es, der so spricht? Die Dorfbevölkerung, Leute in den umliegenden Dörfern, seine inzwischen verstorbenen Verwandten. Wo liegt das Dorf? Da und da, unweit von hier. Mit »hier« meint er seinen Schreibtisch. Wo genau? Und wie heißt das Dorf? Der Name des Dorfes sei nicht relevant, aber es stehe exemplarisch für alle Dörfer in der Gegend. Er habe sich Notizen gemacht und sie jetzt für die Erzählung verwendet. Das dürfte doch genügen. Verbürgt sei es allemal. Außerdem gäbe es da noch so etwas wie die Autonomie des Erzählens. Gut. Er solle bitte trotzdem nachsehen, recherchieren, den Namen des Dorfes finden, den Vorgängen nachgehen, die zwar eine nur kurze, aber wichtige Rolle im betreffenden Kapitel seiner Erzählung einnehmen. Ein paar Tage später würde man erneut telefonieren. Auch der Lektor sollte recherchieren, für alle Fälle. Bücher, Materialien, Fotobände wälzen. Das Dorf finden. Die Partisanen. Die Dorfbevölkerung. Die Spuren. Die Flüchtlinge, die Dagebliebenen, die aktiv Beteiligten, die neugierigen Augenzeugen, die Nachkommen der Opfer jener Nacht, falls es eine Nacht war. Die Lage vor, während und nach dem Krieg. Die Geschichte wieder angucken, die den Menschen in die Haut eingebrannt ist, dem einen so, dem anderen so. In diesen Gegenden kriecht sie permanent hoch und sorgt für die Wiederkehr der Kriegssprache, es ist, als stünden sich die Kontrahenten so unversöhnlich gegenüber wie ehedem. Recherchieren, ob es dort überhaupt Partisanen gab und ob sie in den Feuerpausen, statt Karten zu spielen oder zu schlafen, sich tatsächlich des Mordes und der Verschleppung Unschuldiger schuldig gemacht haben; war es eine »Kristallnacht« mit all dem, was man von der Kristallnacht weiß. Doch selbst dann wäre der Begriff nicht derselbe.

Beim nächsten Telefonat erklärt der Autor, er könne die Sache nicht mehr richtig rekonstruieren. Den Dorfnamen möchte er nicht preisgeben, das sei *unliterarisch*, es gehe ihm um das Bild, er schreibe keine tabellarische Geschichtsbiographie. Dass der Terminus »Kristallnacht« nicht funktioniere, sehe er indes ein. Er schlage stattdessen »Säuberung« vor. Noch so ein Wort, Säuberung. Kristallnacht, Säuberung – ohrenbetäubende, dröhnende, im Gedächtnis detonierende Worte. Säubert nicht der Aggressor im Vorwärtsgang? Säuberung ist ein Erstschlag, anders lässt es sich nicht definieren. Bildeten sich nicht Partisanengruppen, um ihn abzuwehren? Und rekrutierten sie sich nicht aus der Bevölkerung, der der Angriff galt, lauter einfache Zivilisten in Dörfern und Städten, die sich zur Abwehr entschlossen hatten, zur Selbstverteidigung und schließlich zur Zurückschlagung des Aggressors? Das ist das Gegenteil von Säuberung, es ging ihnen darum, Säuberungen im eigenen Landstrich zu verhindern.

Am Ende kamen die Wörter »Kristallnacht« und »Säuberung« nicht mehr vor, sie wurden dem Gedächtnis durch einen kleinen, nicht öffentlich ausgetragenen Streit wieder zurückgewonnen. Ihre Aushöhlung wurde vorübergehend verhindert, zumindest in der Sprache dieses einen Buches. In anderen Büchern, Artikeln und Parlamentsreden, auch bei Wahlveranstaltungen dürfen sie weiter Unheil anrichten.

Was ihr Diktaturen, Diktatoren und Mörder eingeflößt haben, hat die Sprache in sich aufgesogen. Bis heute hat sich hier kein Philologe, Historiker, Politologe, Soziologe oder Schriftsteller gefunden, der diesem Umstand aufklärend begegnet wäre. Die Arbeit wurde nicht getan. Kein Prozess wurde in Gang gesetzt, der dazu beigetragen hätte, den mörderischen Werkzeugen der Sprache eine Haltung entgegenzusetzen. Die politische Fäkalsprache, das Fäkaldenken mit seinen unendlichen Spielarten hat es leicht, sich im gesamten Sprachraum bis ins hinterste Dorf auszubreiten.

Ungarns Regime belebt die völkisch-rassistische, faschistische Sprache neu. Die staatstreuen ultrarechten Medien sprechen sie unumwunden. Auf Bühnen, in Büchern, auf

Straßen und Plätzen wird der Ungeist der Zwischenkriegszeit heraufbeschworen und der ohnehin spärlich vorhandene liberale Geist in die Marginalität gedrängt. Proteste gegen diese Entwicklung untergräbt das Regime mit dem in einer Mischung aus falscher Sachlichkeit und echter Rührseligkeit vorgetragenen Argument, es gehe um die neue öffentliche Ordnung, um Ungarns Auferstehung aus Ruinen, schlichtweg um Souveränität.

Es ist, als sei ein Krieg im Gange. Oder gerade erst zu Ende. Oder als rüste man für einen neuen. Es ist, als ginge es um ein neues Wohngebiet, einen neuen Denk- und *Lebensraum*, für den die geistig-moralischen sowie die konkreten Grenzen markiert werden sollen. Die Sprache der feudal-faschistischen, klerikalen Zwischenkriegszeit hat sich zurückgemeldet und die führende Rolle in der öffentlichen Kommunikation übernommen.

Zu diesem vom Regime als Zukunftsbild ausgegebenen Ensemble von Perfidien gehört nunmehr auch die Veröffentlichung der Werke von József Nyirő und Albert Wass. Sie stehen seit Kriegsende auf dem Index: Nyirő, ein drittklassiger Schriftsteller der Ungarntümelei, war ein Verehrer Hitlers und hielt glühende nazistische Reden im Parlament, verfasste vernichtungssüchtige Pamphlete. Vor Kriegsende floh er mit anderen Nazigrößen ins Ausland. Wass war ihm ebenbürtig, mehr noch, er war ein Mörder, der wegen Kriegsverbrechen und Verbrechen gegen die Menschlichkeit zum Tode verurteilt wurde. Auch ihm gelang die Flucht ins Ausland. Beide hatten sich der völkisch-sakralen Selbsterhebung des Landes gewidmet. Der

Nazipropagandist Nyirő und der Mörder Wass wurden jüngst nicht nur rehabilitiert – nach einem Erlass der Regierung gehört ihr Elaborat ab sofort zur Pflichtlektüre in den Schulen, wie oben bereits dargestellt. Dichtung und Demagogie versöhnen sich.

Die neue Kulturpolitik fördert Verlage, die die Werke von Nyirő, Wass und anderen *Wohlgesinnten* herausbringen. Sie fördert auch Übersetzer im Ausland, die diese Autoren in ihre jeweilige Sprache transportieren. Erste Übersetzungen, ins Polnische zum Beispiel, liegen vor, andere könnten folgen.

Diese Revitalisierung richtet sich aggressiv gegen den europäischen Konsens, dem Regime scheint die Zeit gekommen zu sein, nun auch die Jugendlichen, die morgen Europas Geschicke mitbestimmen, ins Visier zu nehmen. Sie werden durch raffinierte Techniken der Gehirnwäsche mit einer Ideologie traktiert, die sie im Namen der Leerformel von der *nationalen Sache* einem Prozess der Selbstentmündigung zuführt. Kultus- und Bildungsministerium entgegnen auf vorsichtige Anfragen: Wenn Texte über den Holocaust in Umlauf sein dürften, müssten auch Texte von entgegengesetzter *Meinung* möglich sein, damit die neue Generation eine Chance habe, sich ein differenziertes Bild zu machen.

Die Verträge gelten über die zum gemeinsamen Markt getragenen Lebensmittel, technischen Geräte, Kleidungsstücke und Faschingsmasken hinaus auch für die klar formulierten geistigen Grundwerte. Von deren Verrat steht nichts im Vertrag. Europas politische Vordenker werden nicht umhinkönnen, ihren östlichen Partnern gegenüber neue, unmissverständliche Formen subtiler oder drastischer Regulierung zu entwickeln und anzuwenden. Statt die bekannten Kontrollmechanismen immer wieder von neuem wirkungslos verpuffen zu lassen, sollte die direkte Bedrohung nicht länger tabuisiert werden, sollte die Praxis des Leugnens, Verschweigens, der gezielten Aushöhlung der Werte der Gemeinschaft enttabuisiert werden. Die Strategie des *Jetzt noch nicht* hat sich als verfehlt erwiesen.

Geschichte. Bis alles Wasser aus einer Quelle geflossen ist und sie versiegt, vergeht viel Zeit, manchmal Jahrhunderte. Manche Quellen versiegen schnell, andere nie. Knochen, Schriftstücke, Jahrtausende alte Bausteine, in Steinplatten gemeißelte Weisheiten, Visionen und andere Überlieferungen, mündliche – lauter Quellen, die zum Wissen über die Menschheitsgeschichte beitragen und es sukzessiv erweitern. Die Bibel zum Beispiel ist eine unerschöpfliche Quelle, wenn man der Frage nachgeht, wie war es eigentlich damals? Unzählige Quellen und Dokumente wurden unzählige Male gesichtet und gedeutet, sie zu verlässlichem Wissen gemacht zu haben, ist eine große Leistung. Irrtümer, Irreführungen indes sind nicht ganz auszuschließen. Es kommt auch vor, dass den Umständen eines Geschehens mehr Gewicht zufällt als dem Geschehen selbst. Quellen, Dokumente, die vernichtet, gefälscht oder verschollen sind, *schaffen* Leerstellen, lösen Interpretationen aus, die um einer halbwegs sich fügenden Kohärenz willen erfolgen. Ein Beispiel aus der jüngeren Geschichte: Der Bericht eines Lagerverwalters von dem, was da vor sich ging, unterscheidet sich völlig von dem, was der zufällig überlebende Insasse des Lagers zu berichten weiß.

Die Verifizierbarkeit von Quellen und Dokumenten ist eine Sache für sich. Es kommt zu Freiräumen, die man füllt, und nicht selten füllt man sie nach persönlichem Geschmack, der politischen Position, manch ein Historiker mag sich auch seiner dichterischen Gabe bedienen. Ein weites Feld, über das auch einmal geredet werden müsste.

Ausgehend von den verwendeten Quellen wird der interessierte Leser mit Fakten, Daten, Abläufen, Resultaten und Analysen beliefert. Das ist nichts Neues. Auf intuitive Sprünge, imaginative Sympathien für die eine oder die andere politische Position, auch auf die innere Logik von Wahnvorstellungen lassen sich Geschichtsschreiber eher selten ein, wobei gerade diese Sprünge, Sympathien und der Wahn die Geschichte bewegen. Sie zu rationalisieren ist das Primat der historiographischen Arbeit, die Geschichte wird sozusagen abgekühlt. Der Leser erhält einen Strauß von Informationen, die er mit kindlichem Gemüt als *einmal da gewesen* zur Kenntnis nimmt, atmet auf und schlussfolgert, all das sei zum Glück vorbei und werde sich, dem gesunden Menschenverstand sei Dank, *nie wieder* ereignen. Leerräume, Schattenzonen aber entstehen und bleiben und sind umso undurchdringlicher, je mehr man weiß.

Wie umfassend die Informationen auch sein mögen, drängen sich doch Fragen zur Historie dieser Schattenzonen auf, und da man keine Antwort weiß, tröstet man sich mit dem Eindruck, dass sie in einem imaginären buchhalterischen Bereich abgeblieben sind. Moralische Komponenten, die persönliche Verantwortung der die Geschichte bewegenden Figuren fallen gewöhnlich unter den Tisch oder sie verblassen bei der Masse an Informationen, werden unmaßgeblich, indem der Geschichte retrospektiv eine Logik unterstellt wird; eine Form der Verständlichmachung von Zusammenhängen für die nicht Dabeigewesenen. Die meisten Menschen können lesen, was die wenigen geschrieben haben, können unter Umständen herauslesen, dass der Versuch der Historiker, zurückliegende Ereignisse zu rekonstruieren und zu erklären, nicht selten einer Bejahung und Rechtfertigung gleicht. Viel schwerer wiegt das Verschweigen, Leugnen, Beschönigen geschichtlicher Ereignisse. Das trifft in besonderem Maß auf die Erzählung der ungarischen Geschichte aus ungarischer Feder zu. So verschieden die politischen Richtungen seit der Nachkriegszeit auch waren, eines war ihnen gemeinsam, eine palliative Verfahrensweise, das Verbergen des geschichtlichen Hintergrunds, vor dem die ungarische Gesellschaft dahintrieb. Das primäre Ziel war es, die bestmögliche Anpassung an wechselnde politische, soziale und psychologische Verhältnisse zu erzeugen, bei völliger Ausklammerung des zugrundeliegenden Defekts derselben Gesellschaft. Der Blick auf die eigene Geschichte war von atemberaubender Unschärfe, große Teile der Gesellschaft sowie die offizielle Politik gebärdeten sich, als existierte keine Vergangenheit. In dieser Schattenzone wandte der Sozialismus den Blick von den gerade noch als Dieb und Mörder agierenden Menschheitsvertretern ab, es ging um den neuen Menschen, um neue Ziele.

Allenfalls zwischen den eigenen vier Wänden flüsterte man sich die Verluste zu. Verwandte waren liquidiert worden, die und die Nachbarn gab es nicht mehr, das Land lag in Schutt und Asche. Die solitäre Gestalt des politischen Denkens im 20. Jahrhundert in Ungarn, István Bibó, wurde kurzerhand abserviert. Seine Schriften zur Lage Ungarns in der unmittelbaren Nachkriegszeit, seine einzigartige intellektuelle und moralische Qualität waren für die Regierenden eine Zumutung. Ein Mann von vollendeter Rechtschaffenheit, Demokrat, das heißt Europäer. Je mehr Zeit vergeht, umso zeitgemäßer erweisen sich seine Gedanken, seine auf komplexe Weise gültigen historischen, rechtswissenschaftlichen, politischen, ethischen, soziologischen und sozialpsychologischen Studien, die bis heute herausragen. Einmal notierte er über den »deformierten ungarischen Charakter«: »Das Kuschen des ungarischen Volkes vor der Macht, zugleich seine Weigerung, politisch aktiv mitzuwirken, seine Passivität basieren auf einer uralten Routine, sodass es inzwischen als nationale Eigenschaft apostrophiert wird. Die Rede ist von jenem Charakterzug, der dem knechtischen Wesen eignet, es ist jener ungarische nationale Charakterzug, zu dem die Ungarn, sei es durch äußere Mächte oder dank der eigenen Obrigkeit, geworden sind.«

Eine länger zurückliegende Geschichte. Das Interesse am tragischen Schicksal der indigenen Bevölkerung Nordamerikas, an ihrer massenhaften Ermordung, ist noch nicht ganz erlahmt. Eine aufschlussreiche Lektüre sind immer noch die Romane von James Fenimore Cooper, geboren im Jahr der Französischen Revolution. Cooper erzählt von der systematischen Ausrottung der Indianerstämme und den dahinterstehenden politischen und militärischen Interessen Mitte des achtzehnten Jahrhunderts. Die Frage, wozu und um welchen Preis die angloeuropäischen Kolonialmächte ihren Vernichtungskrieg geführt haben, wurde, wie anderes in der Historienschreibung, regelmäßig vernachlässigt, ethische Kategorien bekommen nicht das Gewicht, das ihnen zustünde.

Dass zum Beispiel Napoleon die Schlacht bei Waterloo verloren hat, ist zwar eine wichtige Information für uns. Nur lehrt sie uns nichts, außer dass er ein Diktator war, ein Modernisierer, brillanter Gesetzgeber, Friedensstifter und Kriegsführer in Personalunion, Kaiser und Feldherr, ein glänzender Stratege, der sich dauernd verrechnete und dem der quer aufgesetzte Hut mit den links und rechts abstehenden Spitzen nicht schlecht gestanden hat, und dass ihm auch Marengo, das prächtige, intelligente Reitpferd, kein Kriegsglück brachte. Cooper, als Romancier und versierter Forscher, zwingt uns in seinen umfangreichen Romanen zur Teilnahme an der geschilderten Geschichte. Er erhebt sich weit über das allgemein Faktische, *das Handeln des Menschen wird zum Fakt.* Seine Texte stellen sich von vornherein in die Tradition des Menschen, nicht in die Kontingenz. Dies geschieht, ohne zu moralisieren, aber doch mit Sinn für Moral respektive Ethik – die immer noch die Grundlage menschlichen Seins sein dürfte. Etwas anderes jedenfalls haben wir nicht. Coopers Werk veranschaulicht uns, wozu Expansion, Militarismus und politischer Größenwahn in jener Zeit führten. Es ist damit heute selbst eine Art Quelle, das eigentliche Handbuch über ein dreihundert Jahre zurückliegendes historisches Ereignis.

Eine nicht länger zurückliegende Geschichte. In seinem 2008 erschienenen Buch *Die Wohlgesinnten* schreibt der Amerikaner Jonathan Littell auf Französisch die Geschichte der Organisation und des Verlaufs einer anderen Ausrottung, über andere Tote. Dieser wuchtige Roman mit dem Unterbau der *Orestie* von Aischylos erschafft, zweihundert Jahre nach der Cooper'schen Darstellung der fast vollständigen Auslöschung der indianischen Stämme Nordamerikas, ein Bild von großer Plastizität der Zeit des Zweiten Weltkriegs. Sämtliche Schilderungen dieser Kriegswirklichkeit beruhen auf historischen Quellen, auf Fakten, Dokumenten, zeitgeschichtlichen Belegen, nichts ist dem Zufall oder der reinen Dichtung, der freien Interpretation, der Phantasie überlassen. Darauf zu verzichten ist insofern *logisch*, als die Ereignisse, um die es geht, jede Vorstellungskraft übersteigen. Dabei ist das Buch von erschreckender Detailgenauigkeit, nicht nur, was die Kriegsführung mit all ihren Grausamkeiten betrifft, auch die Darstellung der Akteure, die auf jede Psychologisierung verzichtet, zieht den Leser in Bann. Littell, beim Verfassen seines tausendvierhundertseitigen Opus gerade einmal Mitte dreißig, erklärt nichts, *motiviert* sein Personal nicht, was nicht ungewöhnlich, aber einigermaßen altmodisch wäre. Und doch sind wir gleich im Bild über Zweck und Ziel und Habitus der Beteiligten am Unternehmen Vernichtung. Was man hier von einem inzwischen historisch gewordenen Menschheitsmoment erfährt, ist im Verzicht auf Elegie oder auch nur eine Atempause hochdramatisch. Das Buch wurde in viele Sprachen übersetzt, in jeder von ihnen unterscheidet sich seine Aufnahme, vor allem in den Ländern, die vom Krieg, vom Holocaust betroffen waren. Sicher, die Hauptfigur ist eine Kunstfigur, eine komplexe Kreatur mit merkwürdigen, befremdenden, bestürzenden, gleichwohl aus der Anthropologie bekannten Eigenschaften, die sie restlos auslebt, und man fragt sich womöglich, was das soll, *diese Fährte*, sie lenke ab, drohe, der restlichen realistischen Schilderung in die Parade zu fahren. Dabei ist sie nur das Spiegelbild der bis heute nicht verkraftbaren Perversion dieses Krieges, zeigt die Wechselwirkung zwischen dem privaten und dem kollektiven Wahn, zeigt den Krieg und dessen Ingenieure als Ausgeburt pathologischer Vorstellungen.

Paradoxerweise liegt die *Täuschung* darin, dass das Unbegreifliche begreiflich erscheint: Wer spricht? Der Mörder, einer der Organisatoren des Massenmords, der Autor, die Endlösung, die Pathologie, die Geschichte selbst? Wer das Buch als Geschichte liest, die *jetzt passiert*, während er sie liest, dem treten die Ereignisse auf einmal in aller Schärfe vor Augen – das Grauen der Verfolgung und Vernichtung der Juden in den letzten fünf Kriegsjahren, die Einsatzkommandos und Massenhinrichtungen, das Elend, die Tötungsmaschinerie in den Lagern, auf der Straße, in den Städten und Dörfern, die Feldzüge, das besetzte Paris, das kriegszerstörte Berlin, Begegnungen mit den Nazi-Größen Himmler, Eichmann, Höß oder Speer, geschrieben aus der Perspektive eines Täters, der sich mit Ende des Kriegs nach Frankreich gerettet hat. Wenn er lebte, heute noch am Leben wäre, wäre er unser Zeitgenosse. Er *ist* unser Zeitgenosse. Und so sind die *Wohlgesinnten* das, was sie sind. Die Detailfülle, die historische Genauigkeit, mit der Jonathan Littell den Leser konfrontiert und durch die Konfrontation ihn beschämt, irritiert, letztlich auch beglückt, die Unbedingtheit, das Expressive der Darstellung des größten Traumas ist große Kunst, indem sie das anberaumte mörderische Handeln des Menschen, mehr als etliche sogenannte historiowissenschaftliche Abhandlungen, erfahrbar macht.

Ablösungen als Lösungen. Dass Donald Trump, ein Simpel und ein feiger Mann, den die geschichtsbewussten unter seinen Landsleuten für einen Faschisten halten, abgelöst werden musste, um Schlimmeres zu verhüten, schien eine Selbstverständlichkeit. Dass Diktatoren wie Assad oder Lukaschenko nicht verhindert werden können, ist Teil des Dramas heute in Europa, eines Dramas, dessen Ausmaße uns tagtäglich genauso entsetzen wie ermüden, während die Weltpolitik trotz aller historischen Erfahrung keine Antwort darauf weiß. Man schaut dem Drama zu.

Das Massensterben in Syrien oder die gewalttätige Unterdrückung in Belarus haben zwar immer wieder mal Konjunktur in der öffentlichen Wahrnehmung, aber genauso regelmäßig folgt, wenn die Aufmerksamkeit weitergezogen ist, die Gewöhnung, ein Abwarten. Es scheint, als warte der progressivere Teil der Welt auf den Moment, da die Hauptdarsteller des Dramas endlich abtreten.

Innere Angelegenheiten müsse man tolerieren, so irrational und menschenfeindlich sie auch sein mögen, ganz gleich welche Auswirkungen sie auf die Welt haben. Man müsse das Primat des Gleichgewichts berücksichtigen, heißt es oft, siehe Bagdad, wo nach der Hinrichtung von Saddam Hussein der Terror erst recht losgebrochen sei … Engagement wird heraufbeschworen und unbeirrt unterlassen. So kommt es dann, dass die Rekonstruktion der Mechanismen, die Orbán & Co. skrupellos in Bewegung halten, und ihre Durchdringung erst stattfinden, wenn sie nicht mehr da sind. Wenn ihr Gift längst eingesickert ist, wenn sie im größeren Rahmen *zeitbedingter Begebenheiten* objektivierbar werden. Historische Erfahrung müsste eigentlich Ansporn genug sein, einer rein retrospektiven Betrachtung vorzugreifen, um zu einer anderen Art Wahrheit zu gelangen, zu der Historiker und Kommentatoren nicht kommen können. Dokumentarfilme und Zeitungsberichte sind unerlässlich, in ihrer Wirkung aber erfahrungsgemäß begrenzt, viel mehr als Informationen zu vermitteln können sie nicht, und so beschreiben sie eine Ohnmacht nach der nächsten. Diese andere Art Wahrheit würde darin bestehen, den Vollzug der Gegenwart wahrzunehmen. Schließlich wohnen wir ja dem Schrecken bei, *wir sind dabei*. Diese aktuell sich vollziehende Geschichte verdient eine andere Aufsicht, eine andere Geistesgegenwart, die zum direkten Einschreiten auffordert, die Unheil abzuwenden versucht. Vielleicht klingt das naiv. Doch ist es nicht naiver, als auf ein Wunder zu hoffen, das die Weltlage normalisiert. Es ist nicht hinnehmbar, dass ein Ölbohrer wichtiger ist als das Leben Hunderttausender.

Die langwierige Untersuchung von Ereignissen und die Bestrafung der Drahtzieher vor Gericht zwanzig Jahre später ist ein veralteter Versuch, Gerechtigkeit zu signalisieren, den Leichen ist es womöglich egal. Verstandesmenschen, wahrscheinlich immer noch die Mehrheit auf der Welt, wollen stets *jetzt zu Lebzeiten* Frieden. Wenn sonst nichts mehr hilft, so wäre diesen Leuten, die da Morde am laufenden Band verantworten, wegen ihrer persönlichen Probleme vielleicht noch mit einer medizinischen Behandlung, Ressort Psychiatrie, beizukommen, mit einem anschließenden Grundkurs darüber, was ein Mensch, eine Bevölkerung, ein Land, ein Vertragsbruch, ein unterlassener Dialog zu bedeuten haben.

Wenn man Trump, dem seinerzeit noch aussichtslosen Präsidentschaftskandidaten, bei den Vorwahlen zuhörte, auch nur mit halbem Ohr, konnte man rasch erahnen, was auf einen zukäme, falls *dieser Typ* die Wahl wirklich gewinnen würde. Es ist den intakten demokratischen Institutionen, der Intelligenz und dem ästhetischen Empfinden der Wähler zu verdanken, dass Trump lediglich eine Regierungsperiode gestattet wurde.

Auch Orbán hat von Anfang an deutlich gemacht, was er mit dem Land vorhat. Dieser Anfang liegt etwas länger zurück, das erste Mal wurde er 1998 zum Ministerpräsidenten gewählt. Insofern hat er insgesamt mehr als fünfzehn Jahre Regierungszeit hinter sich, und man kann getrost feststellen, dass er von 1998 bis 2021 nichts dazugelernt hat, außer die Techniken zu *verfeinern*, deren er sich bedient, um sich an der Macht zu halten. Wie Trump wurde auch er 2002 nach vier Jahren abgewählt; der größere Teil der Wähler wollte, frei nach Genet, die *Beleidiger beleidigen*. Und ähnlich wie bei Trump, gegen den Orbán im Wettbewerb der Lügen überlegen führt, besteht auch Orbáns politische Arbeit darin, Oppositionelle kaltzustellen, kritische Stimmen auszuschalten, Gewerkschaften und zivilgesellschaftliche Organisationen abzuschaffen, eine völkische Politik zu etablieren, Vertraute mit großzügigen Belohnungen aus der Staatskasse bei Laune zu halten, Posten in wichtigen Institutionen durch treue

Parteisoldaten zu besetzen, wütende Angriffe gegen die Medien zu führen bis hin zu ihrer weitestgehenden Beseitigung. Dies und mehr ließ Schlimmstes ahnen für den Fall, dass seine Fidesz-Partei für weitere vier Jahre Regierungsverantwortung bekäme. Weil 2002, nach Ablauf seiner ersten Legislaturperiode, das Immunsystem der ungarischen Gesellschaft noch solide funktionierte, votierte die Mehrheit nun für die Sozialdemokraten. Der damalige sozialdemokratische Ministerpräsident, Ferenc Gyurcsány, war Orbán intellektuell und hinsichtlich seiner humanen Weltsicht hoch überlegen, zudem in der Innen- und Außenpolitik eine Größe und damit fast ein Einzelgänger unter seinen rückständigen und provinziellen Mitstreitern und Gegnern in der ungarischen sozialdemokratischen Partei. Gyurcsány führte Ungarn im Jahr 2004 in die Europäische Union.

In der Opposition, zwischen 2002 und 2010, bewies der Fidesz weiterhin seinen unbändigen Hang zur Destruktivität, die sich in leidenschaftlichen Angriffen voller Verdrehungen, Lügen, Fälschungen auf den Status quo entlud, ein acht Jahre währender verbaler Dauerputsch und hartnäckiger Boykott der parlamentarischen Arbeit. Unerbittlich geführte Verleumdungskampagnen gegen die amtierende Regierung und gegen all jene in Funk, Fernsehen, Presse, Kunst und Literatur, die sich nicht auf ihn einschwören ließen. Die aufgepeitschte Menge organisierte sich, und nach den abermals verlorenen Wahlen 2006 entschied sich der Fidesz für den Schulterschluss mit den Initiatoren rechter und ultrarechter Aufmärsche gegen den

Rechtsstaat, was beinahe zu einem physischen Putsch führte und nur durch das massive Aufgebot an berittenen und sonstigen mobilen Polizeikräften verhindert werden konnte. Eine zum Teil verfehlte, zum Teil so korrupte wie glücklose sozialdemokratische Politik und die globale Bankenkrise 2008, für die Orbán die ungarische Regierung verantwortlich machte, was ihm das Volk bereitwillig glaubte, trugen zum Kollaps des demokratischen Immunsystems bei, und so stimmte die Mehrheit der Wähler 2010 für die Abrechnung mit dem Feind, für Wohlstand ohne jedes persönliche Risiko, für die Worthülse vom nationalen Aufstieg.

Bei den Wahlen 2010 scheiterten die Sozialdemokraten auch, weil Gyurcsány sie aufgefordert hatte, sich selbst und dem Volk nicht länger etwas vorzumachen. Er forderte sie zur Ehrlichkeit gegenüber der Öffentlichkeit auf, dazu, die Anforderungen, vor denen das Land stehe – die Bankenkrise und ihre Folgen –, endlich realistisch darzustellen, auch wenn dies schmerzhaft sei, unter Umständen sogar eine Gefahr für die eigene Karriere. Es war eine leidenschaftliche Rede bei einem internen Parteitag der Sozialdemokraten, aber nicht intern genug, sodass die Forderungen Gyurcsánys von Sympathisanten der gegnerischen Partei Fidesz, vielleicht auch von unzufriedenen Sozialdemokraten nach außen getragen wurden. Orbán ließ sich diese einmalige Chance nicht entgehen; von nun an schrie es durchs ganze Land, die *Kommunisten haben uns belogen*. Der Slogan schrie von den Wahlplakaten des Fidesz auf die müde gewordenen Passanten herunter.

Orbáns Plakataktionen sind ungemein wirksam, und Gyurcsány, der für Ehrlichkeit und Anstand plädiert hatte, wurde schließlich abgewählt. Die üblichen Fernsehduelle im Vorfeld der Wahl hatte Orbán diesmal verweigert, nachdem er Gyurcsány in früheren Duellen kläglich unterlegen gewesen war. Die Wiederholung einer solchen Blamage schien ihm nicht erstrebenswert, und bald setzte er dem, was politische Diskussion ist, sowieso ein Ende.

Nach acht Jahren kriegerischer Opposition kam Orbán wieder an die Macht und leitete die *totale* Wende ein. Offensichtlich ist es für das Gros des ungarischen Volkes nicht sonderlich relevant, ob es in einer Demokratie lebt, sei sie auch illiberal. Vielen ist keine Staatsform bekannt, der es jemals um ihr Wohlergehen gegangen wäre. Die Staatsführer waren nach allgemeiner Ansicht stets Diebe, Lügner, Ärsche. Demokratie, gar gelebte Demokratie ist vielen Ungarn unbekannt, und sie wird ihnen, wie die Dinge liegen, noch lange verwehrt bleiben.

Orbán spricht. In etwa so: Ich rufe alle Ungarn, insbesondere diejenigen, die außerhalb unserer Landesgrenzen leben, dazu auf, der Welt gegenüber zu bezeugen, dass wir in den vergangenen Jahren viel geleistet haben. Natürlich nicht ganz ohne die Hilfe der Barbaren, und solange ihr Geld zu uns fließt, nehmen wir es an, nehmen es mit einem Lächeln.

Mit Barbaren ist Brüssel gemeint, die Venedig-Kommission, Straßburg, die Europäische Union. Das griechische Wort *bárbaros* hat die Ausgangsbedeutung »stammelnd, lallend« und impliziert oft »ungebildet, roh, feige, grausam, gewalttätig, habgierig, treulos«. Der Begriff Barbaren wird heute verwendet für rohe, unzivilisierte, ungebildete Menschen. Orbáns delirierendes Statement ist ein Musterbeispiel großer ungarischer Gelehrsamkeit.

Gegenwart. Menschen leben für die Zukunft. Das bestimmt schon die Gehaltszahlung, die sich erst am Ende des Monats auf dem Konto einfindet, überwiesen vom modernen Niedriglohngeber für die täglichen vierzehn Stunden, die die Gegenwart des modernen Niedriglohnempfängers verkürzen. Der ewige Mensch legt Geld beiseite, ein Sparer für später, betet in der Kirche, überlegt, ob das Geld nicht gewinnbringend angelegt werden sollte, schließlich hieß es auch bei der letzten Visite in der Bank, die Aussichten für Kleinanleger stünden derzeit gut, geradezu optimal, *überlegen Sie es sich, hier unsere Broschüre, nehmen Sie sie mit, studieren Sie sie, hier steht schwarz auf weiß, wie Sie sich optimieren können.* Doch Vorsicht ist geboten, der Bank ist vielleicht nicht zu trauen, er betet also auch zu Hause, trinkt etwas. Für die Zukunft zu leben bedeutet auch ein latentes Zittern vor der Gegenwart, es könnte ja etwas, alles schiefgehen. Später, wenn die Gegenwart erst einmal überstanden ist, wird alles gut. Vielen ist aber auch die Zukunft suspekt, und gerät die Vorstellungskraft ins Rutschen, werden sie erst recht vom Schreck gepackt. Antidepressiva helfen nur mäßig über den Kummer hinweg, Schnaps ist besser.

Dass der Schnaps wichtig ist, weiß auch Orbán, und Gott sei Dank war es eine seiner ersten politischen Maßnahmen, das gesetzliche Verbot zur Schnapsherstellung in Privathaushalten aufzuheben und jeden Haushalt zu ermutigen, fortan Schnaps zu brennen, ob im Kochtopf oder in der Badewanne, blieb dem Bürger selbst überlassen. Diese dezente Form der Selbstzerstörung war jahrzehntelang verboten gewesen, einerseits weil das private Panschen zu viele tödliche Vergiftungen verursacht hatte, andererseits weil der Staat strikt auf dem Monopol sämtlicher Betäubungsmittel bestanden hatte. Doch Orbán war sich wohl bewusst, dass nur ein kontinuierlich unter dem Einfluss von Billigalkohol lächelndes Landvolk ihn wählen würde.

Der Schnaps, ganz gleich welcher Provenienz, vermag die scharfen Konturen der Gegenwart ein wenig zu lindern und suspendiert die Zukunft für wertvolle Stunden. Der eigene Zugriff aufs Jetzt ist fast unmöglich, man müsste das Sparbuch auflösen und auswandern, aber die Banken tricksen und betrügen, und dann kommt vielleicht weniger heraus, als man für die Zukunft einbezahlt hat. Das ist Politik, eine Maschine, die unermüdlich Versagen ausspuckt, sie ist nicht abstellbar. Treten Politiker auf, wirken auch sie wie Produkte dieser Maschine, subjektlose Gestalten, kaum ein Thema, das sich nicht in Luft auflöste, wenn sie sich dazu äußern. Nach Ende der klandestinen Sitzung sprechen sie in verschiedene Mikrofone von verschiedenen Sendern, die dann Wort für Wort dasselbe senden, egal, wohin man schaltet, regional oder überregional, überall Wiederholungen der gleichen Leier. Es ist zum Gähnen und zum Verzweifeln. Wenn dann die ausführlicheren, verstörend eindimensionalen Kommentare folgen, hat man schon die ersten Flaschen intus. Elendssymphonie, so könnte das Ganze heißen. In dieser Lage kommt ein Orbán dem Volk gerade recht. Sein delirantes Gefasel erfrischt, die Falschheit wirkt ganz echt.

Er doziert nicht, die Täuschung scheint lebendig und authentisch: Er hat die Gegenwart für sich entdeckt. Er ist *dagegen. Man will uns an den Kragen.* Das stimmt, er sagt die Wahrheit, schon die Habsburger wollten uns vernichten, sinniert dann der wirklich kleine Kleinbürger. Orbán, der Mann der Stunde, werde dem aber ein Ende setzen. Er diskutiert nicht, führt keinen faulen Dialog, er sagt klar, was war und was sein wird, was ist und wie es ist. Ausländische Mikrofone sieht man so gut wie nie, denn es spricht kein Mensch *da draußen* Ungarisch. Ungarisch ist die schönste Sprache der Welt, Volkssprache, schon die ersten Römer mochten sie, so steht es gemeißelt ins Wahlprogramm, festgeschrieben auch in der neuen Verfassung und in den Schulbüchern. Man kann in ihr alles ausdrücken, ein bewegender, mehr noch beweglicher Raum, flexibel, frei und vollkommen unverbindlich.

Konfrontiert man die Menschen behutsam mit der Frage, warum sie das alles über sich ergehen lassen, lautet die Antwort: Ich bin doch kein Politiker. Der eklatante Mangel an politischem Bewusstsein, an Teilhabe ist das deprimierende Merkmal eines Wahlvolks, das sich um die Zusammenhänge zwischen den katastrophischen politischen Amokläufen und der eigenen Passivität nicht kümmert, so als wünschte man sich, mit denen in eins zu fallen, deren Handlungen den gleichen Grad von Verwirrtheit aufweisen wie die eigenen. Die Passivität in diesem Land entspringt seit jeher dank jahrhundertelanger Gewöhnung der allgemeinen Auffassung, dass Politik eine genuin niederträchtige Angelegenheit sei, exklusiv für Politiker, und dass dem so sei, beweise die aktuelle Regierung, man habe sie durchschaut. Andererseits beschenkt dieser Zustand das Wahlvolk mit der Genugtuung, dass es ihm schlecht geht, weil alles schlecht ist. Es konsolidiert sich. Begreift kurz den Sinn von Vergänglichkeit und überlässt sich einer Grundstimmung, die in verwandtschaftlicher Beziehung zum Faschismus steht. Ohne eine gewisse elementare Gradlinigkeit und Ehrlichkeit kann keine taugliche Politik entstehen, kann man keine politischen Programme aufbauen. Manche spüren die Ohnmacht und wie sie sich in Desinteresse wandelt, das es einem trotzdem gestattet, einem unvermeidlichen Broterwerb nachzugehen. Erst später am Abend fragt man sich, wieso man nicht durch ein gewisses Maß an Engagement seine Selbstrettung in die Hand nimmt, wieso die Europäische Union oder irgendeine andere Instanz, Gott zum Beispiel, nicht eingreift.

Sportler, Künstler und Kriminelle haben die Gegenwart im Griff. Sie sind Menschen des Moments, es geht um sofortigen Sieg, um Erfolg jetzt und in diesem Augenblick, *live*, bei der Vernissage, im Zirkus, im Kino, auf der Bühne, beim Bankraub, beim Abzocken, bei allen Arten von Betrug, Attentaten, Mord. Die Welt, hin- und hergerissen zwischen energischer Betrachtung all dessen und Teilnahmslosigkeit, ist ein zuverlässiger Zeuge, besonders die östliche zwischen Dresden und Damaskus. Ein Segen, dass Orbán omnipräsent ist und uns zu alter Größe – die wirklich lange her ist, sofern es sie gab – verhilft, zu den alten Grenzen, zu den ehrwürdigen Ideen unserer Ahnen, unseres Europa siegreich verwüstenden Stammes vor mehr als tausend Jahren, als man noch nicht von fremdartigen Dingen wie Granatäpfeln, Avocados oder Pizza bedrängt wurde. Auch ist es nur konsequent, die Rechtsnachfolge des Staates für die Zeit nach Horthy abzulehnen, sie gilt erst heute wieder, seit unser weitsichtiger Ministerpräsident die Geschicke des Landes lenkt, die nahtlose Fortsetzung von Horthy zu uns Heutigen. Ist doch unakzeptabel, was hier siebzig Jahre lang gelaufen ist, eine Menge Zeit, in der es uns praktisch gar nicht gegeben hat. Jetzt sind wir offiziell Bürger des ungarischen Reiches, ganz normal, es ist wie mit den Reichsbürgern in Deutschland, nur dass deren Anerkennung erst noch bevorsteht, erklärt uns Orbán, bei uns ist es bereits Status quo, auch in diesem Punkt sind wir die Avantgarde in Europa. Alle beglückwünschen uns, Le Pen, die Ostdeutschen und Weilheim, die Italiener, die nur noch Garibaldi aus dem Geschichtsbuch herausreißen müssen, unsere Freunde in Polen, Lukaschenko und die Kroaten. Die wahre europäische Einheit kommt. Bei aller Abneigung gegenüber der Gegenwart und um sie immer wieder doch auf Trab zu bringen, nutzt Orbán unzählige Nischen: Egal, wie geringfügig das Thema, er ist sofort zur Stelle. Wenn er zum Beispiel am namhaften Schlachthof von Szeged Wurst- und Salamimassen mit forschem Blick und sehr entschlossen für den heimischen Markt und den Export durchsortiert, ist dies abends in der Tagesschau zu sehen und anderntags in der Zeitung, versehen mit der Bildunterschrift: »Der Ministerpräsident kümmert sich.« Jetzt, am frühen Morgen vor dem Mikrofon, sprüht er wie gewohnt vor Potenz, macht ein wenig Mundgymnastik, bevor er loslegt, weil er ganz bei der Sache ist, vielleicht fehlt noch ein bisschen Puder, aber er ist ganz er selbst, ganz und gar Ungar. Ein Originallandsmann, zu sehen auch in den Fußballszenen, die ständig im Fernsehen laufen und ihn zeigen, wie er kampfeslustig vor der VIP-Loge seines privaten Fußballstadions im Dorf Felcsút steht, breitbeinig und mit aufgekrempelten Hemdsärmeln, was jugendliche Rabiatheit vermitteln soll, neben ihm der Präsident der größten Bank des Landes, der zugleich auch Präsident des nationalen Fußballverbands ist. Sie sind Freunde und Geschäftspartner, kluge Leute, die immer vorher schon wissen, was später kommt. Zwei Jungs um die sechzig, beide gesunder bäuerlicher Herkunft, beide bodenständig. Verständig nickend werfen sie sich Halbsätze zu, folgen mit knappen Blicken den Ballstafetten auf dem Spielfeld und kauen Sonnenblumenkerne, die sie im Mund gekonnt von der Schale trennen. Die Schale spucken sie dann im Bogen aus, eine Übung, die jeder Zehnjährige stolz vollführt. Wie sie so dastehen, ganz entspannt, Herr Csányi, der reichste Mann des Landes, und Herr Orbán, der amtierende Ministerpräsident, wirken sie wie zwei im Dreißigjährigen Krieg verschollene Verwandte von Mutter Courage, nunmehr Marketender mit Schwerpunkt Pferdeverwertung. Bühnengerechte Momentaufnahmen, beide wissen, dass Politik szenische Arbeit ist.

Sein Thema diesmal ist aber mitnichten geringfügig, es geht ihm um die Kultur als Ganzes, und in der Kultur als Ganzem brilliert er ja subjektiv wie objektiv.

Am Vorabend trafen sich Irland und Ungarn zum

Freundschaftsspiel in Budapest. Irland ist ein freundliches Land, außerdem ein Land der Auswanderer, über siebzig Prozent der Iren haben sich in den vergangenen Jahrhunderten wegen der brutalen Unterdrückung durch England auf die Suche nach einer anderen Heimat begeben. Vor Beginn des Spiels knieten die irischen Spieler für eine Minute auf dem Rasen, um so ein Zeichen der Solidarität zu setzen im Kampf gegen Rassismus. Eine Geste, die im Zuge der Bewegung *Black Lives Matter* von vielen Sportlern weltweit gezeigt wird, von Sportlern, die der Auffassung sind, dass Sport und Politik mitnichten zu trennen seien, wie es reaktionäre Politiker und Sportfunktionäre einfordern – im Gegenteil, sportliche Ereignisse waren oft auch politische beziehungsweise von der Politik missbrauchte Ereignisse. *In memoriam* ihrer vielbeschworenen Kultur und der homogenen nationalen Einheit bedachten die paar tausend ungarischen Fußballfans im Stadion die humane Geste der irischen Fußballer mit einem schrillen Pfeifkonzert, sie buhten die Iren minutenlang aus und beschimpften sie. Immerhin sangen sie nicht das bei solchen Spielen sonst obligatorische Lied hauseigener Komposition *Der Zug fährt nach Auschwitz*. Ein Großteil der Fans wie auch manche Spieler auf dem Rasen rekrutieren sich schon aus der Orbán'schen Jugend, inbrünstige Schüler der neuen nationalistischen Schule, auf der Tribüne bedrohliche Gesichter, in die man besser nicht blickt, zu allem bereite Typen. Von der diesmal den Ton angebenden *Karpathian Brigade* geht unmittelbare Lebensgefahr aus, sie gefallen sich wie bewaffnete Söldner im Südsudan. Beim nächsten Spiel schließt sich ihr eine andere Brigade an, und diese Trupps reisen dann quer durch Europa zu den Spielen der ungarischen Nationalmannschaft.

Am nächsten Morgen brachte der Volkssender die aktuell wichtigste Weltnachricht des Inhalts, dass Orbán, solitärer Hüter christlicher Werte, die Fans für ihren Protest gegen die Iren vehement verteidigt hat. Die Vehemenz war auch nötig, weil er versehentlich zu weit entfernt von dem einsamen Mikrofon stehen geblieben war. Weil es uns um die Attraktion bringt, ist es sehr schade, dass er nie gefragt wird, was er denn unter christlichen Werten verstehe. Die Antwort wäre vielleicht amüsant, vor allem, weil er *christlich* und *Christentum* grundsätzlich nicht zu unterscheiden weiß. Nun, am frühen Morgen gleich nach dem Fußballspiel, das unentschieden ausgegangen ist, gibt er zu Protokoll: Die Reaktion unserer Zuschauer war taktvoll und einwandfrei. Bei uns kniet sich der Mensch nur aus drei Anlässen hin. Man kniet sich hin vor dem Vaterland, und man kniet sich hin zum Gebet in der Kirche. Und der Mann geht vor ihr auf die Knie, wenn er um die Hand der Frau anhält. Sonst macht man das nicht. Das ist hier unsere Kultur.

Es wäre unfair, ihm vorzuwerfen, dass er weitere wichtige Ereignisse vergessen hat, bei denen man sich hinkniet, zum Beispiel vor dem Start zum 400-Meter-Hindernislauf oder um Liegestütze zu machen. Die nicht ganz lückenlose Auflistung der Situationen, wann der Ungar zu knien hat, war jedoch eindrücklich genug, und sie war nicht bloß ein aufrichtiges Bekenntnis zur eigenen Bigotterie, vielmehr war es das betrübliche, gleichwohl frappante Eingeständnis des Ministerpräsidenten, dass Menschlichkeit, Empathie, der solidarische Kampf gegen Unterdrückung und Mord sowie Proteste gegen behördliches Lynchen, lauter zarte zivilisatorische Aspekte, der ungarischen Kultur nicht zuträglich seien.

Geschichte unterwegs. Es gibt Tage, an denen die Ungarn ein biblisches Volk waren. Jesus Christus war ungarischer Abstammung, und Moses lebte zeitweilig am Plattensee, nach eigenem Bekunden fand er das Baden dort viel angenehmer als im Toten Meer. Ein wichtiger Messias, »unserer Meinung nach der echte«, verbrachte ebenfalls Zeit hier. Auch durchquerten einige Apostel das Land auf dem Weg nach Rom, sie verweilten, beeindruckt vom diffusen Licht voller Fata Morgana, in der Puszta und übernachteten in der Natur. Dann, gleich nach dem Frühstück, vermutlich Manna mit Rührei, spielten sie mit den bibelfesten ungarischen Schweinehirten *Catch me if you can*. Außerdem seien wir ein halbasiatisches Volk, erklärt Orbán bei nächster Gelegenheit. Und ein Agrarland, in dem schon Kaiserin Sissi bei ihren zahlreichen Ausflügen die hübschen Gänse auf bunten Wiesen bewundert hat. Weshalb es ein großer Erfolg seiner Regierung sei, dass Mercedes hier wertvolle Autoteile baut. Bei anderer Gelegenheit redet er nicht so vage, als Auftraggeber kann er durchaus eindeutig sein, etwa als Initiator der schäbigen Stürmer-Kampagne gegen seinen einstigen Wohltäter George Soros, einen Amerikaner ungarisch-jüdischer Herkunft, dessen verzerrtes Konterfei seit Jahren Hauswände in Stadt und Land bedeckt, antisemitische Propaganda erster Güte.

Die ganze Welt kennt unsere Landsleute, gibt er dem nationalen Selbst an lauen Herbstnachmittagen einen kleinen Schub und zählt ungarische Berühmtheiten auf, den

Entdecker des Vitamin C und den Erfinder der Wasserstoffbombe zum Beispiel. Den genialen Physiker Leo Szilard sowie einige andere ungarische Größen – die jung, im Alter von fünfzehn, sechzehn Jahren, bereits auswanderten und die, nebenbei gesagt, Juden waren, was der Ministerpräsident natürlich nicht erwähnt. Dann ist der unvermeidliche Franz Liszt an der Reihe, der des Ungarischen nicht mächtig war und nie in Ungarn gelebt hat. Wagner indes hält er nicht für einen Ungarn, obwohl Liszt in dessen Familie eingeheiratet hat. Der Name András Schiff, des bedeutendsten ungarischen Pianisten, ansässig in London und Mailand, findet keine Erwähnung, schließlich ist er nicht nur Zeitgenosse und jüdisch, sondern auch einer der schärfsten Kritiker von Orbán und dessen Politik, die im Prinzip keine Politik ist, sondern deren Aufkündigung, und die Schiff regelmäßig und explizit als rückständig, faschistisch, antisemitisch und rassistisch entlarvt.

Aus Protest gegen Orbán, den er für eine Bedrohung Europas hält, tritt er in Ungarn seit Jahren nicht mehr auf. Zur Musik und zu Musikern hat Orbán eine ebenso primitive Beziehung wie überhaupt zu Kultur, Kunst und Wissenschaft. »Da muss ich mich nicht einmischen«, erklärte er, als es Bestrebungen gab, den begabten Direktor des Opernhauses in Budapest, der kein Freund von Orbáns Partei war, abzulösen. Diesmal zog er nur im Hintergrund die Fäden und konnte das Resultat doch als seinen persönlichen Triumph verbuchen; nach dem üblichen Hin und Her wurde auf dem Posten eine ihm treu ergebene, zugleich anerkanntermaßen drittklassige Figur aus der

Generation der neuen Apparatschiks installiert. Auf die – äußerst kurze und heftige – Welle der Empörung, die durch die Branche ging, reagierte er mit der ihm eigenen vulgären Technik des Bluffs, ihm sei es unwichtig, wer das Opernhaus leite, aber man müsse wissen, dass immer wieder wichtige politische Persönlichkeiten aus dem In- und Ausland zu den Aufführungen kämen. Die traurige Kombination zweier sich miteinander nicht vertragender Teilsätze und die ebenso traurige Bestätigung des bekannten Vorkommnisses, bei dem der Spießer sich in sich selbst verläuft.

Mitteilungen an das Land. Im Laufe der Jahre sind zahlreiche Bücher über die Machenschaften Orbáns erschienen, vorzügliche Analysen und Kommentare, die die politische Kriminalität in seiner inzwischen zwölfjährigen Regierungszeit luzide sezieren. In einigen dieser Bücher geht es nicht vorrangig um die von der Regierung bewerkstelligten Verheerungen, sondern um das *System*, das sie folgenreich errichtet hat. So in dem Buch *Der Mafia-Staat* von Bálint Magyar, das Schritt für Schritt den Aufbau ebendieses Systems beleuchtet, bis hin zu seiner unverrückbaren, jederzeit für *Nachbesserungen* offenen jetzigen Form. Unter dem Titel *Die neue Landnahme* setzt sich der verdiente Politologe Paul Lendvai auf zugänglichen, gleichwohl eindringlichen 200 Seiten mit der Person Orbáns und seiner politischen Wirkung auseinander. In *Die unsichtbare Wirklichkeit* beschreibt Rudolf Ungváry, der streitbare Historiker, die faschistoide Mutation im heutigen Ungarn. Der unverzichtbare investigative Journalist György Bolgár, der inzwischen *abgeschaltet* wurde durch die Eliminierung von Klubrádió, dem wichtigsten Sender der vergangenen Jahre, bis vor kurzem die letzte Bastion unbestechlicher Berichterstattung, weist in seinem Buch *Orbáns Märchen* nicht ohne Humor die fortgesetzten Lügen des Premiers und seiner Kumpel in der Regierung nach, den permanenten Verstoß gegen alle Regeln der Sittlichkeit, die konsequente Leugnung, Umdichtung und Verdrehung der politischen, ökonomischen und kulturellen Situation in Ungarn, das kontinuierliche Schüren von Hass auf alles Nicht-Ungarische, den selbstgefälligen Zynismus der eigenen Bevölkerung gegenüber, den Ukas zum unbedingten Gehorsam, die Installation eines hochmodern ausgerüsteten privaten Schutztrupps auf Staatskosten, einzig um der Selbstaufwertung willen oder um die eigene Ohnmacht komplexen Zusammenhängen gegenüber zu kompensieren, das dauerhafte Ersetzen von unwiderlegbaren Fakten durch frei erfundene, das totale und totalitäre Umpflügen der ungarischen und der europäischen Geschichte. Die Zeitschrift *OSTEUROPA* bietet mit der Ausgabe *Quo vadis, Hungaria?* umfangreiche sachliche Analysen all dessen, was ungarische Politik heute ist. Obwohl bereits im Jahr 2011 erschienen, ist sie von unveränderter Aktualität und unentbehrlich für jene, die sich um sich selbst und die Europäische Union sorgen. Eminent wichtige Texte, die so präzise aufklären, wie sie auch deprimierend wirken können beim Blick auf ein Land, das sich selbst und Europa ins Gesicht schlägt. Die Streitschrift mit dem programmatischen Titel *Empört euch!* von Stéphane Hessel, einem feinsinnigen Diplomaten, der als Sohn des bedeutenden Schriftstellers Franz Hessel in Berlin geboren wurde und in Paris lebte, ist nicht nur schmal, sondern angenehm in der Hinsicht, dass sie sich nicht mit Ungarn beschäftigt. Es ist ein europäisches Buch wie auch ein universales, klassisch im Sinne der Menschenrechte, gültig wie die elementare Forderung von Hannah Arendt: Niemand hat das Recht zu gehorchen – auch nicht Orbáns Stornierung des Gebots *Nie wieder Faschismus*.

Europäische Union. Auch wenn er tagtäglich davon spricht, erklärt Orbán seinem Volk nicht, was die Europäische Union Ungarn antut, was sie zum ausgemachten Feind der ungarischen Nation mache. Das wäre wohl auch schwierig, denn die Europäische Union tut Ungarn gar nichts an, im Gegenteil, Ungarn wäre ohne sie längst am Boden. Es ist das erste Mal in der ungarischen Geschichte, dass das Land in großem Format und praktisch ohne materielle Gegenleistung von einem politischen Partner materiell wie moralisch profitiert. Noch nie zuvor hatte Ungarn eine solche Freiheit, eine solche Chance. Interessant wäre auch, mit Herrn Orbán zu erörtern, was Ungarn unter seiner Führung an Positivem und Konstruktivem zur Europäischen Union beigetragen, für sie geleistet hat. Die Antwort ist einfach: Nichts. Der ungarische Beitrag besteht in der konsequenten Verleumdung der EU, in einem bornierten Rachefeldzug gegen sie, ohne allerdings auch nur andeutungsweise darzulegen, worauf denn die Rache gründe – die Chance ist verspielt.

Dabei hat Ungarn in seiner Geschichte immer Richtung Westen geblickt, nicht nur Dichter und Intellektuelle und nicht nur publizierenderweise in Zeitschriften wie in der bis heute wichtigsten unter dem schönen Titel *Westen* aus der Vorkriegszeit. Es ist eine alte Sehnsucht, die wegen Ungarns Ignoranz bereits zu Zeiten der K.-u.-k-Monarchie unerfüllt geblieben ist. Die einzige zuverlässige, dem westlichen Untergang treu ergebene Politik bestand unter

Horthy, während des Nationalsozialismus und Faschismus und in deren Folge des Weltkriegs; es war die Zeit der eifrigen Teilnahme Ungarns am Weltbrand, an Mord und Liquidation, am Holocaust. Wer nicht mit uns ist, ist gegen uns, lautete auch damals schon das innenpolitische Credo. Nach der Zerstörung, dem totalen Ruin, dem zaghaften Wiederaufbau, den stalinistischen Säuberungen, dem allmählichen Übergang zum Sozialismus, als Ungarn eine stabile Säule im Ostblock bildete, erwachte die Sehnsucht nach dem Westen wieder, nicht nur der Menschen, sondern auch der Politik. 1976, mitten in der Ostblockstarre, sprach der damalige sozialistische Ministerpräsident János Kádár beim damaligen sozialdemokratischen Bundeskanzler Helmut Schmidt vor mit der Bitte, Ungarn leise und behutsam in die Europäische Wirtschaftsgemeinschaft, die Vorläuferin der heutigen Europäischen Union, zu integrieren. Vermutlich um es sich mit den Sowjets nicht allzu sehr zu verderben, wich Schmidt dem Ansinnen aus. Paradoxer-, mehr noch bemerkenswerterweise war Ungarns Außenpolitik Richtung Ost und West noch nie so verlässlich gewesen wie im letzten Jahrzehnt der sozialistischen Ära. Abkommen und Vereinbarungen wurden eingehalten, Worte hatten Gewicht und man verhielt sich entsprechend, was getan werden musste, wurde getan. Offenbar war Kádár schon damals klar, dass nur eine europäische sozialdemokratische Gesellschaftsform ein einigermaßen vernünftiges Leben ohne Zittern, dafür mit existenzieller Grundsicherung ermöglichen könne, vorausgesetzt, es fänden sich noch sozialdemokratische Köpfe, die die Planung und Organisation verantworten würden. Die erwähnte Sehnsucht hielt bis zum Auftauchen Orbáns an, bis Ungarns Politik sich wieder für reif genug hielt, nach dem Westen zu treten und sich dafür lieber in Richtung Osten mit seinen obskuren Varianten der Diktatur zu bücken, statt sich für ein lebenswertes Leben zu engagieren, demokratisch zu werden, sich von Jahrzehnten der Diktatur zu lösen. Nachdem der Kotau vor Putin bislang nichts Nennenswertes einbrachte, absolviert Orbán den Bückling nun im etwas tieferen Osten, in China, dem er neuerdings ein prächtiges Grundstück mitten in Budapest *geschenkt* hat. Auf diesem Grundstück wird die chinesische Regierung eine chinesische Universität erbauen, eine Universität mit 500 Professoren und 5000 Studenten aus China. Die Idee, die die chinesische Führung als Gegenleistung für dieses Geschenk vorbrachte, war, dass auf besagtem Grundstück an besagter Universität selbstverständlich und ausschließlich im Sinne der chinesischen Staatsideologie gelehrt werde. Orbán, der sich nach eigenem Bekunden in fremde Angelegenheiten *prinzipiell* nicht einmischt, war, ebenso selbstverständlich, einverstanden. »Lernen, meine lieben Mitbürger, kann man nur noch vom Osten«, schloss er die Verkündung des neuen Deals. Nichts gegen China, es ist ein schönes Land, die chinesische Kunst, den chinesischen Widerstand gegen die chinesische Staatsmacht weiß man zu schätzen, so wie die chinesische Sprache, Chinesisch singt sich auch sehr schön, und an Konfuzius erinnern wir uns immer gern – aber alles gegen den neuen Einfall Orbáns, gegen die potentielle Bedrohung, die der Europäischen Union durch die Hinwendung Ungarns zu China, dem in ökonomischer und ideologischer Hinsicht gefährlichsten Kontrahenten, in der Zukunft erwachsen kann.

Das Innen und das Außen enthemmt bekämpfen, scheint die wichtigste Direktive von Orbáns Clique zu sein. Dies ist ein zutiefst antiemanzipatorischer, pubertärer Akt; nach Marcus Steinweg hemmt, drängt erst Emanzipation den *Geist der Rache* zurück. Die Emanzipation – der Frau, des Mannes, des Volkes, der Politik – stand selbst oft genug ganz oben auf der politischen Agenda Ungarns, als Erscheinung nämlich, die mit allen Mitteln bekämpft, verhindert werden muss.

Nation, Mangel an Leben. Die Stereotypen von nationaler Größe, nationaler Kultur – ohne je zu definieren, worin sie denn bestünden – wurzeln im radikalen Nationalismus, und sie bestimmen das Verhältnis von Mensch zu Mensch neu, als sei die Kultur des Leids das Einzige, was sie heimlich verbindet, was ihnen beweist, dass sie existieren. Es ist ein auf Feindschaft gegründetes Verhältnis, das Verhältnis des Täters zum Opfer, des Täters zum Täter, des Opfers zum Täter, um es, leicht anverwandelt, mit Imre Kertész zu sagen. Man kann protestieren und mit der schon unendlich langen Liste moralischer, ethischer, politischer Verbrechen wedeln, doch handfeste Reaktionen aus dem In- und Ausland bleiben aus, derweil die Liste der Opfer immer länger wird. Es gehört zur psychischen und sozialen Befindlichkeit, die man den Degradierten zumutet, dass es nicht wiedergutzumachen sein wird, was ihnen unter diesem Regime, durch die brachiale Gewalt dieses Regimes widerfährt. Wer zum Opfer wird, bleibt Opfer, verstummt, ohne recht zu begreifen, dass sich seine Lage der Furcht seiner Unterdrücker vor dem Machtverlust verdankt, dass die Unterdrückung der inneren Logik dieser Machtpolitik unterliegt und irreduzibel ist. Es hilft nichts, eine Ätiologie des Terrors zu entwerfen und darin zu versanden oder ihn einfach zu ertragen, unter Umständen zu akzeptieren. Helfen würde es, sich als Opfer der Aggression anzuerkennen und sich zur *Résistance* zu entschließen. Es ist keine Frage der Courage, sondern des Überlebens. Oder es bleibt die Flucht ins

Ausland, ein Ausweg aus der Tristesse, den knapp eine Million Menschen in den vergangenen Jahren unter Orbán gewählt hat.

Fremdenhass. Die Rede von nationaler Größe und Kultur nimmt eine Art Rassismus- und Antisemitismus-Nachweis ins Visier, eine völkische Kultur, der deterministischen Logik folgend, wonach die Gruppierung zählt und nicht der Einzelne. In dieser Logik sind Rassismus und Antisemitismus ein festgefügter Inhalt, kein Prozess. Wobei der ungarische Rassismus je nach Lage der Dinge prozesshaft abläuft, während der Antisemitismus ein historisch konstruierter Inhalt ist. Ein Inhalt, auf den man sich stets einigen konnte und kann. Die bevorzugte Gestalt des ungarischen Rassismus indes ist der Jude, und in Bewegung gehalten wird der Rassismus durch die Ablehnung, den Hass auf den anderen, ganz klassisch. Durch die Definierung des anderen findet die Nation zu sich selbst. Ein signifikantes Beispiel dafür war in jüngster Zeit die sogenannte Flüchtlingskrise, der Ungarn sehr bald dadurch begegnete, keine Flüchtlinge mehr ins Land zu lassen. Stattdessen verunglimpfte die Regierung die Schutzsuchenden öffentlich als Verbrecher, Schmarotzer und Diebe. In jenen Tagen und Wochen des Sommers 2015 trat in penetranter Regelmäßigkeit zur Hauptsendezeit um 20 Uhr der Staatspräsident ins Bild des Staatsfernsehens und erklärte halb mitleidig, halb entkräftet, mit schlecht gespielter Betroffenheit, insgesamt jedoch dem Selbstmitleid angemessen leise und eindringlich, dass »jeder einzelne Flüchtling eine unmittelbare Bedrohung für jeden einzelnen Ungarn« bedeute. Gelang es Flüchtenden, sich trotz der strengen Bewachung der Grenzen durch das ungarische Militär ins Land zu verirren, wurden sie in Käfige gesperrt. Einmal in die Falle geraten, vegetieren einige vermutlich immer noch dort, als stille Teilhaber an der ungarischen Kultur. Man wolle jedenfalls keine Durchmischung der sauberen Nation mit Fremden. An diesem Punkt stimmten auch führende Intellektuelle und Oppositionelle Orbán zu, *was wird aus uns, wenn sie hier bleiben und sich mit der Zeit vermehren, Kinder kriegen*?

Dieser Rassismus verläuft prozesshaft, eint das Volk einstweilen, man hat sich, ein zweifelhaftes Geschenk der Gegenwart, innerlich formiert – gegen die anderen. Man fand, wie einst im Krieg, wieder zu jenem ursprünglichen Reflex, der im Zurückweisen des Anderen liegt. Wer nun genau diese anderen waren, die man aktuell zurückgewiesen hat, konnte man hinterher der Zeitung entnehmen.

Degradierung. Wer sich als Opfer dieses Systems sieht, weil er es ist und weil seine Familie es vielleicht auch schon war, findet heute zu keiner Möglichkeit, den Konflikt zwischen sich und seinen Überwältigern zu benennen und auszutragen. Das Gefühl, die Geschichte wiederhole sich, lähmt ihn. Er kennt die Sprache der *Résistance* nicht, hat sie nie gelernt, wohl wissend, dass er, wenn er sie gebrauchte, erst recht die Aufmerksamkeit des Regimes auf sich ziehen würde. Er weiß auch, dass er in einem Land der Täuschungen lebt, wo vieles versprochen, aber nie gehalten wird, und er kennt die Rechtfertigungen im Nachhinein, man habe *sich bloß versprochen*, habe dies und jenes außerdem niemals gesagt. Er hat auch miterlebt, wie jene, die besser gewappnet schienen als er, mundtot gemacht werden. Neuerdings lässt sich dies am Beispiel der alljährlichen Staatsfeier des 15. März anlässlich der Revolution von 1848 illustrieren: Gleich der erste des zwölf Punkte umfassenden Forderungskatalogs der damaligen progressiven Kräfte an die Staatsmacht wurde kurzerhand gestrichen; bei den langen Lobreden von Orbán & Co. auf die 48er-Revolution wird nicht mehr, wie noch die Jahre zuvor, das bald 180 Jahre alte Zwölfpunkte-Programm verlesen, sondern nur noch ein Elfpunkte-Programm. Die Forderung nach Pressefreiheit ist entfallen. In Erinnerung geblieben ist auch jener Nacht-und-Nebel-Anschlag, bei dem im Auftrag Orbáns die beste und wichtigste ungarische Tageszeitung, *Népszabadság*, mit der gesamten Redaktion einkassiert wurde. Tatsächlich waren nachts am Wochenende dubiose Figuren in das Gebäude der Zeitung eingebrochen und hatten alles, was sich bewegen ließ, hinausgeschafft. Als die Redakteure am Montag darauf zur Arbeit kamen, hatten sie keinen Arbeitsplatz mehr. Zwei Gründe für den Übergriff lassen sich vermuten: die kritisch-objektive Berichterstattung der Zeitung und ihr Name, *Népszabadság*, was auf Deutsch Volksfreiheit bedeutet, und beides, die Objektivität und die Freiheit des Volkes, sind Orbán zutiefst suspekt.

Orbán weiß, was die Ungarn innenpolitisch bereits erdulden mussten, und setzt darauf, dass sie auch neuerliche Repressionen hinzunehmen verstehen. Das Volk soll durch das Zulassen von Kritik und Freiheit nicht enttäuscht, nicht plötzlich irritiert werden. Als die Europäische Union wegen der Repressalien gegen *Népszabadság* protestierte, erklärte Orbán, es habe sich um eine Rettungsmaßnahme gehandelt, denn die Zeitung sei pleite gewesen. In Wahrheit war es die Tageszeitung mit der höchsten Auflage, zudem mit einem großen Abonnentenkreis. Außerdem hätte Orbán sie, wenn sie tatsächlich von der Pleite bedroht gewesen wäre, mit einer kleinen Subvention retten können, so wie er nahezu alle Blätter, die ihm huldigen, aus der Staatskasse subventioniert. Die Leser von *Népszabadság*, Arbeiter wie Intellektuelle, gehörten schlichtweg nicht zu jenen, die den Fidesz wählen. Auch ohne diese Zeitung wählen sie ihn nicht, sie wählen lieber gar nicht mehr. Wovon wiederum Orbán profitiert.

Amnesie ist nicht gleich Gedächtnisverlust. Um über den Tag zu kommen, will sich das Opfer dieses Systems nicht ständig an seine Degradierung erinnern. Bruchstücke der Erinnerung treten ihm regelmäßig vors Auge, jedes einzelne Bruchstück ein neuralgischer Punkt. Umso dringender muss er sich zu seinem Schutz die Techniken der Amnesie und der Verdrängung aneignen. Es fehlt an Schulung, Erkenntnis und Erfahrung, für die eigene materielle wie geistige Existenz zu kämpfen. Eine Grundhaltung, wie sie in ihrem apologetischen Existenzialismus Lévinas, Kertész oder Sartre vertreten, kann nicht jeder auf Anhieb verinnerlichen und für sich anwenden. Nicht die Roma in Miskolc, nicht die Geflüchteten in Duisburg, wenn sie in kleinen Gruppen ratlos vor dem Büro der Caritas weilen, nicht die Mütter mit ihren Kindern in ihrem zerbombten Haus in Syrien. An der Zumutung, die eigene Lage in der Lage zu kennen und nichts tun zu können, ist der große Schriftsteller Szilárd Borbély zugrunde gegangen. Dass das Wissen um die Lage und die Erinnerung an die Schrecken, die gegenwärtigen und vergangenen, an die einigermaßen grauenvolle Geschichte und die persönliche Vorgeschichte nicht auszuhalten ist, versetzt das Opfer in Depression, und auf die Depression folgt oft das Verstummen. Nach William Niederland müssen Versuche scheitern, sich von den niederschmetternden Erfahrungen wenigstens zeitweilig zu lösen. Opfer politischer Gewalt verfügen nicht über so zuverlässige Mechanismen der Verdrängung wie die Makler der Aggression. Der pathetische, monumentale Irrsinn von handwerklich einwandfreier Effizienz hat sein Ziel nicht verfehlt. Die emotionale Welt des Opfers ist versehrt, seine Ausdruckskraft paralysiert.

Descartes. Auf den Satzbeginn, sinngemäß: »jeder weiß ...«, folgt sogleich Descartes' Einschränkung, sinngemäß: »bis auf den, der nichts weiß ...«

Es wäre politisch durchaus nicht ganz falsch, an dieser feinen Differenzierung weiterhin festzuhalten, denn es weiß wirklich jeder, der weiß, dass ein Großteil der Bevölkerung eines jeden Landes selbst dann nichts weiß und nichts versteht, wenn Informationen dort frei und unaufwändig zugänglich sind. Unvergleichlich mehr geistigen Leerlauf bietet ein Land, das seinen Bürgern traditionell entscheidende Informationen vorenthält und sie mit solchen unterhält, die ohne jeden Gehalt, ohne jeden Hintergrund, ohne belegte und überprüfbare Fakten daherkommen. Wem das gefällt, weil er weiß, dass es psychologisch günstig sein kann, absolut nichts zu wissen, der sollte mit den Schriften von Descartes im Gepäck nach Ungarn ziehen.

Zur Person. Orbán ist der Typ Politiker, der es tunlich vermeidet, die virulente politische und mentale Bigotterie, die in Ungarn eine gewisse Tradition hat, mit auch nur einem zeitgenössischen Gedanken zu belästigen. Es ist für beide Seiten leichter, dem Volk altungarische Mythologie aus Kinderbüchern vorzusetzen. Verstünde er, was Demokratie ihrem wahren Wesen nach ist, würde er sie, falls das möglich ist, mit noch mehr Härte bekämpfen. Er muss das Hasard bis zum Exzess ausreizen. Es ist nicht zu bestreiten, dass seine Auftritte ein gewisses Format haben. Er möchte unbedingt mehr sein als nur ein Auftritt, wo er sich wieder einmal wegen eines läppischen Gesetzes erklären muss, bei dem es sich doch nur wieder um Homosexuelle und deren Belange handelt, ihre institutionelle Ausgrenzung, eine Bagatelle. Das Gesetz indes hat zum Inhalt, einen weiteren Teil der Bevölkerung zu diffamieren und auszugrenzen, aus dem Bewusstsein und dem Gedächtnis der Öffentlichkeit zu verbannen, weil es Menschen sind, die ihr Leben anders leben, als Orbán es sich vorstellt. Jetzt, während des Rapports, nestelt er ständig an seiner Krawatte herum, knöpft sein Sakko auf und knöpft es wieder zu, und wenn er dann fertig ist mit Brüssel, tritt er, sichtlich ungern, vom Podium und steuert hinter Frau Merkel oder Frau von der Leyen die Seitenbühne an. Auch bei diesem operettenreifen Abgang, der bestimmt nicht der letzte war, dreht er den Kopf mehrmals zurück in Richtung des international besetzten Parketts mit Politikern und Berichterstattern, so als wolle er rasch ein Gesicht ausfindig machen, Ausschau halten nach jemandem, dem er seine Telefonnummer geben könnte. Doch sein Format ist ein toxisches Format, umso mehr, als er seine Nervosität nicht hinreichend unterdrücken konnte, was ihm sein Instinkt diskret meldet, und die Unsicherheit im Verbund mit umfänglicher Macht wird ein nächstes schreckliches Gesetz auslösen, eine Direktive, die es in sich haben wird. Und ihm einen nächsten Auftritt, eine weitere kleine Aufführung mit ungarischer Kokarde in Brüssel sichert, was sich allein schon wegen der Köstlichkeiten am Büfett lohnt.

Protest. Ein um die Würde des Menschen besorgter Abgeordneter bringt eine Petition im Budapester Parlament ein, die fordert, die Veranstalter eines internationalen Raoul-Wallenberg-Symposions in Oslo zur Rechenschaft zu ziehen, weil sie den ungarischen Botschafter wieder ausgeladen hatten. Dieser unerhörte Vorgang habe gleichsam die Qualität einer Beleidigung des gesamten ungarischen Volkes. Ausgeladen wurde Exzellenz Géza Jeszenszky, weil er sich im Amt als Rassist geoutet hatte, mit der fachlichen Einschätzung, die Roma seien traditionell auf Inzest eingestellt, weshalb die Anzahl von geistig Behinderten unter ihnen hoch sei. Diese seine Aussagen seien vielleicht nicht besonders wissenschaftlich, jedoch allgemein anerkannt, so der Parlamentarier, weshalb das ungarische Außenministerium »voll hinter dem Botschafter« stehe.

Der Rechtsstaat agiert. »S. K. ist einem zionistischen Amoklauf zum Opfer gefallen«, kündigt der Vorsitzende die nächste Wortmeldung an. Einer der vierhundert anwesenden Abgeordneten erhebt sich von seinem Sitz, ein paar Blätter in der Hand, blickt in die Kameras, die für die Fernsehübertragung auf ihn gerichtet sind, und beginnt mit dem Ablesen seines Textbeitrags. »Geehrtes Haus, Dr. S. K., Hauptmann der königlichen ungarischen Gendarmerie, verstarb 98-jährig. Er ist, wie Sie, Herr Vorsitzender, soeben gesagt haben, einem zionistischen Amoklauf zum Opfer gefallen. Ein mitten unter uns tätiger Agent des Jerusalemer Simon Wiesenthal Centers, der als Motor der Holocaustindustrie fungiert und die Ziele für seine Hasskampagnen methodisch aussucht, richtete sein Augenmerk auf den unschuldigen ehrenhaften Patrioten K. und leitete einen Schauprozess gegen ihn ein. Wenige Tage nachdem K. freigesprochen wurde, starb er. E. Z., dieser gewerbsmäßige Jude, der sich für den letzten Nazijäger hält, bezeichnete es als einen kleinen Sieg der Gerechtigkeit und als Trost, dass der Prozess zur Verschlechterung des Gesundheitszustandes des ehemaligen Gendarmeriehauptmanns beigetragen haben dürfte. Diese empörende Äußerung hatte leider keine Entgegnung zur Folge, denn viele befürchten den Vorwurf des Antisemitismus. Den sogenannten Antifaschisten ist alles erlaubt. Vertreter der Anklage war Z. F., auch er ein Magyarenhasser, der nach dem Freispruch K.s in Berufung ging. E. Z. und Z. F. haben den Hauptmann der Gendarmerie, der vor dem Schauprozess bei bester Gesundheit gewesen war, zu Tode gehetzt. Meine Partei vertraut darauf, dass möglichst viele S. K. die letzte Ehre erweisen. Fürs Protokoll möchte ich darauf hinweisen, dass der Gottesdienst zu K.s Ehren in der reformierten Kirche der Heimkehr am Freiheitsplatz stattfindet.«

»Ich bin unschuldig, habe nie gemordet, habe nie gestohlen. Ich habe meinem Vaterland gedient«, erklärte K. nach seinem Freispruch. Er wurde wegen eines Massakers im ungarisch besetzten Teil Serbiens nach dem Zweiten Weltkrieg in Serbien angeklagt. Die ungarische Gendarmerie hatte Tausende Juden, Roma und serbische Zivilisten im von vielen Ungarn bewohnten Novi Sad zusammengetrieben und erschossen. K. wurde nun von dem Vorwurf freigesprochen, dic Ermordung von sechsunddreißig Opfern persönlich angeordnet und vier Opfer selbst liquidiert zu haben. Die Leichen hatte man in die Donau geworfen.

K. wurde noch während des Krieges in Ungarn zu zweimal zehn Jahren Haft verurteilt, 1944, nach der Machtübernahme durch die Pfeilkreuzler, jedoch auf freien Fuß gesetzt. Nach dem Krieg tauchte er zunächst in Österreich unter. 1946 wurde er in Abwesenheit abermals zu vierzehn Jahren Haft verurteilt; in Jugoslawien wurde das Todesurteil gegen ihn verhängt. 1948 schiffte sich K. mit zahlreichen Nazigrößen nach Argentinien ein, wo er eine neue Identität annahm. Nach fast fünfzig Jahren in Südamerika ließ er in Budapest nachfragen, ob gegen ihn etwas vorliegc. 1996 durfte er in Ungarn einreisen, obwohl Kriegsverbrechen nach geltendem Recht nicht verjähren. Fünfzehn Jahre lebte er unbehelligt und unter seinem echten Namen in Budapest gegenüber der Synagoge in der Innenstadt, bis ihn E. Z., Leiter des Wiesenthal Zentrums, dort aufspürte. Seine Verteidigung wurde aus Mitteln der Nationalen Rechtsstiftung finanziert. Den Verhandlungen wohnten vor allem Sympathisanten des Angeklagten bei, sie trugen demonstrativ Abzeichen der Pfeilkreuzler. Doch auch Protestierende gegen K. und gegen die Befangenheit des Gerichts waren gekommen. Sie hatten sich Davidsterne angeheftet, die der Vorsitzende Richter als Provokation verbot. Die ungarischen Nazisymbole durften bleiben.

Brief eines Emigranten, 1944. »Bevor es mir gelang, das Land zu verlassen, hatte sich Folgendes ereignet, an einem Nachmittag mitten in Budapest: SS-Leute stellten sich um uns auf, um uns vor den Schlägen der ungarischen Gendarmen zu schützen.«

Juden. Danilo Kiš zeichnet in seinem Buch *Anatomiestunde* das Porträt des Nationalisten. Nationalismus ist vor allem Paranoia, kollektive und individuelle Paranoia. Als kollektive Paranoia ist er eine Folge von Neid, Aberglaube, Feigheit und Frustration, zudem die Folge einer unklar gebliebenen persönlichen Identität; demnach ist kollektive Paranoia nur eine bis zum Paroxysmus gesteigerte Summe individueller Paranoia. Es folgen viele Seiten mit Beispielen für serbische, kroatische und ungarische »Nationalisten verschiedener Schlagstärke, die auf dem Boden der Geschmacklosigkeit in ausgesucht geschmacklosen Themen um unvorstellbar geschmackloser Vorteile willen miteinander wetteifern«.

Der ungarische Jude sagt nicht von sich, ich bin Ungar und Jude, sagt auch nicht, ich bin ungarischer Jude oder jüdischer Ungar, nicht, weil ihm dafür das Selbstbewusstsein fehlte – seine und seiner Vorfahren Erfahrung lehrt ihn, dass man in diesem Land nur Ungar sein kann. Und er nur Jude. Indessen würde die Selbstbezeichnung Jude eigentlich vollkommen genügen, wenn ihn nicht die Sehnsucht nach Assimilierung in Fesseln legte. Die meisten Juden in Ungarn halten sich denn auch für vollständig assimiliert. Sie sind Ungarn, von ihrem Judentum, dem gegenwärtigen oder ehemaligen, sprechen sie nicht, oft wollen sie davon nichts wissen, viele wissen vielleicht nicht einmal, dass sie Juden sind. Daran ist nichts zu beanstanden. Dumm ist nur, dass die anderen es von ihnen wissen.

Ein Ungar weiß, wer Jude ist, diese Information bezieht er aus seinem Unterleib. Selbst in den schlimmsten Zeiten der Verfolgung sagten deutsche Juden von sich, ich bin Deutscher und Jude. Die einen liebten das Land wegen Schiller, die anderen wegen Schongau. Das macht zwar einen gewissen qualitativen Unterschied, aber beide Motive sind aufrichtig und das Gefühl ist gleich stark. Man kann in jedem Land der Erde Jude sein und zugleich Angehöriger der Nation, in der man lebt. Treten *Probleme* auf, so entfachen sie sich in der Nation, nicht im Juden. Von da an bricht das Gefühl ab, wird es schwierig, zu sein, das Sein noch zu fühlen, ob Jude, ungarischer Jude, deutscher Jude, französischer Jude und oft auch als Nichtjude. In ruhigeren, gönnerhaften Zeiten, die kommen und gehen, bleibt es ein unruhiger Balance-Akt. Wäre es eine Metapher und wären die Zeiten ausnahmsweise ruhig, wäre das Schüren von Diskriminierung in den Augen der Orbáns nichts weiter als eine sportliche Spannung, die aufrechtzuerhalten gut sei. Wie andere Menschen sehen auch Juden kaum Grund für ihr Schicksal. Entgegen landläufiger Meinung ist das Judesein, Juden wissen das, nicht von Vorteil. Vorteilhafter wäre es, nicht zu sein, sagen sich die Begabteren unter ihnen, ernst und mit leiser Selbstironie. Dabei haben sie für Nihilismus nichts übrig. Was soll man schon machen, als Jude, wenn man doch da ist, als Jude. Wo ist der Glaube hin? Ihr Gott ist nicht auf der Höhe. Da wird alles gleichermaßen wahr und falsch. Spinoza scherzt: »Wenn ein Dreieck nur reden könnte, es geradeso sprechen würde, Gott sei eminent dreieckig.« Tödlich wird es, wenn perfide Figuren an der Macht, Prediger,

Welterklärer et cetera ihre Leere kompensieren, indem sie Gott den Job des Schöpfers erklären. Die Legende sagt, Juden seien einander in einzigartiger Solidarität verbunden. Nazis, Rassisten halten jedoch unvergleichlich besser zusammen, sagt die historische Erfahrung, ihr Bund ist ewig gültig, ihr Programm simpel, manifest, irreduzibel, ähnlich der Mafia oder dem Ku-Klux-Klan. Bei den Juden ist es eher wie bei den Eskimos, die sich und ihre Kinder warm anziehen im ewigen Eis. All das ist einigermaßen unbegreiflich. Die Wahrheit der Juden ist in geschaute Wahrheit übergegangen, in stille Erinnerung an das »Weh, das der Seele, unvorbereitet wie sie war, widerfuhr und sie unmündig, als Kind, zurückließ«, wie Lyotard vermerkt.

Tocqueville sagt: »Ich weiß nicht, ob ich in der von selbstsüchtigen Ambitionen erfüllten Welt, in der ich lebte, jemals einem Menschen begegnet bin, der weniger an das Gemeinwohl dachte als Lamartine. Ich habe viele Männer erlebt, die um ihrer eigenen Macht willen das Land in Unruhe versetzten, ein Laster, das oft vorkommt. Aber Lamartine war der Einzige, der, wie mir scheint, stets dazu bereit war, die Welt umzustürzen, um seiner Lust nach Zerstreuung zu frönen.«

Für Ehrgeiz und Begehren hat Tocqueville, eine zutiefst aufrichtige Person und Autor des unerreichten Meisterwerks *Über die Demokratie in Amerika*, durchaus Verständnis, aber diese Mischung aus Verantwortungslosigkeit und Dilettantismus bestürzt ihn. Er habe auch keinen gekannt, schreibt er, der weniger aufrichtig war als Lamartine und die Wahrheit mehr missachtete, er dachte nie an etwas anderes als an die Wirkung, die er im Augenblick gerade erzielen wollte.

Sicher, es gab vor und nach Lamartine viele Lamartines, unter ihnen solche, die die totale Zerstörung des Gemeinwohls, die Entfachung von Kriegen exzessiv betrieben haben. Es gab immer und gibt auch jetzt Stimmen in der Geschichtsschreibung, die Politiker bereits zu ihren Lebzeiten unter die Lupe nehmen und ihnen Taktik unterstellen, so auch Orbán. Nicht dass Taktik an sich schon einen Wert hätte. Doch Selbstsucht, Paranoia und Dilettantismus sind eher nicht die Früchte einer Taktik. Sich Böses um der Erhaltung der Macht willen auszudenken und umzusetzen, ist zwar Taktik, jedoch nicht in einem diplomatischen, sondern in einem zynischen Sinne. Das offensichtliche Ziel dabei ist, Stillstand zu erzeugen, eine Leere, die nur Orbán selbst auffüllt, das Füllmaterial nach Belieben variierend. Dieses Manöver, das immer wieder gelingt, verleiht ihm vielleicht ein Gefühl der Selbstzufriedenheit, sicher auch die Gewissheit, all denen, mit denen er zu tun hat, überlegen zu sein, über den Kollegen in Brüssel, Budapest und Berlin zu stehen. »Es ist furchtbar, sich damit abzufinden«, notiert Imre Kertész in sein Tagebuch, »dass die Reiche von gewöhnlichen Verbrechern regiert werden, die als Verbrecher zudem noch gewöhnliche, dumme Gesellen sind; als Ausflucht beginnt man, nach ›historischen Ursachen‹ zu forschen, und denkt sich Adolf Hitlers ›taktische Geschicklichkeit‹ aus – wie feige das ganze sogenannte geistige Leben der Zeit ist!«

Seit der Französischen Revolution wird der demokratischen Kultur vielerorts der Prozess gemacht, und zwar mit dem Argument der drohenden Vulgarität, die in dem Moment eintrete, wenn das Volk zumindest nominell vom Untertanen zum Hauptakteur des politischen Lebens werde. Eines der klassischen Probleme in Ungarn heute ist, dass, während dem Volk nach wie vor die Rolle des Untertanen zugedacht ist, umgekehrt die Protagonisten des politischen Lebens von atemberaubender Vulgarität sind. Ihre Vulgarität besteht darin, zu simulieren, was sie nicht sind, darin, ausgediente Formen von Hierarchie zu etablieren – aktuell: die Oligarchie – und dies als Reform zu deklarieren. Eine Reform mit einer überkommenen Ideologie, die einhergeht mit der Jagd auf all jene, die der Wiederherstellung der ständischen Ordnung mit Skepsis begegnen. Vulgarität ist hier nicht die des Provinzlers wie bei Balzac, sondern die der Bauernschläue, sie weiß Bescheid über die Mystik der Scholle, weiß unfehlbar, wann wohin und in welcher Dosis Vitriol zu schütten ist.

Lasst uns gemeinsam reich werden. Dank eines großzügigen Soros-Stipendiums konnte Orbán zum Studieren nach Oxford gehen und dort allerlei Kenntnisse erwerben. Nach ein paar Monaten jedoch kehrte er nach Ungarn zurück, nicht wegen unzureichender Englischkenntnisse oder weil der Lernstoff zu kompliziert gewesen wäre, nur war ihm zu Ohren gekommen, dass die Reformbewegung in seiner Heimat Gestalt annahm.

Schon bei den 1987er-Feierlichkeiten zum Jahrestag der Revolution von 1848 war er ans Rednerpult getreten und hatte die sowjetischen Truppen aufgefordert, nach Hause zu gehen. Der Jubel im Volk war grenzenlos und Orbán zum Helden avanciert. Bald darauf, im März 1988, wurde unter seiner Führung der »Bund junger Demokraten« (ung. *Fiatal Demokraták Szövetsége*), kurz *Fidesz*, gegründet. Man hatte – fast – vergessen, warum die sowjetischen Truppen im Land waren, ihre Anwesenheit jedenfalls war eine Art Dauerreiz, die Sicht auf die eigene und die europäische Geschichte ohnehin verengt. Dabei waren sie ungefähr aus den gleichen Gründen da wie die Alliierten in Deutschland, mit dem Unterschied, dass es den sowjetischen Soldaten in Ungarn untersagt war, sich unter die Bevölkerung zu mischen.

Orbáns Forderung nach einem Abzug der Truppen zwei Jahre vor der Wende war jedoch alles andere als heldenhaft, schließlich träumten die meisten Ungarn davon seit 1956. Sie träumten nicht nur davon, es war allgemeines Gesprächsthema in der Kneipe beim Bier, am helllichten Tag in der überfüllten Straßenbahn, in intim beleuchteten Cafés, in Schwimmhallen und im Dampfbad, beim Schachspiel in den Parks, in Tanzlokalen und den eigenen vier Wänden. Russkis raus, damit begann der Arbeitstag für fast alle Ungarn, mit Ausnahme rechtschaffener Politiker und jener, die den jüngsten Weltbrand und den Holocaust am eigenen Leib erlitten hatten. Schließlich waren es die Russen gewesen, die sie vom Nationalsozialismus befreit und ihnen das Leben gerettet hatten. Die restliche Bevölkerung sah in den Russen keine Befreier, sondern Feinde, offenbar hätte sie gerne dort weitergemacht, wo Horthy zu regieren aufgehört hatte. Die *en passant* gezischte Parole *Russen raus* war zur puren Gewohnheit geworden. Gesehen hat man sie übrigens kaum, die müden, gelangweilten Soldaten verließen ihre Kasernen und sonstigen provisorischen Behausungen höchst selten, kauten an Piroggen, spielten Schach, Karten und Balalaika, lasen den armen Puschkin, dann Gogol, dann wieder Puschkin, sehnten sich nach der Krim und schliefen viel. Ursprünglich sollte ihr Aufenthalt in Ungarn der Zähmung des Landes dienen, das mit Deutschland und anderen kriegswilligen Nationen gegen ihre Heimat in den Krieg gezogen war, jenes Landes auch, das im letzten Kriegsjahr von einer mörderischen nationalsozialistischen Regierung befehligt worden war.

Was Orbán nun forderte, war bereits seit Jahrzehnten eine geflügelte ungarische Wendung. Dass er sie laut und öffentlich ausstieß, konnte die Öffentlichkeit nur deshalb begeistern, weil sie über die Weltpolitik kaum im Bilde war, sich auch nicht besonders für sie interessierte. Sonst hätten die Menschen gewusst, dass Gorbatschow, der damalige Staatspräsident der Sowjetunion, unter der Bezeichnung *Perestroika* schon etwa seit 1984 große politische Reformen plante und schrittweise einführte, ein vitales politisches Programm der Erneuerung, das unter anderem den Abzug der sowjetischen Truppen aus Osteuropa als zentralen Punkt enthielt und die Wende 1989 einleitete.

Obwohl Korruption bislang noch jede parlamentarische Epoche in der ungarischen Politik durchwirkt hat, waren die Politiker an der Spitze des Staates in der Regel nicht kontaminiert. Selbst auf Horthy fiel in dieser Hinsicht kein Schatten. Auch in der Nachkriegszeit hat sich kein führender Staatsmann mit Korruption befleckt, nicht in der brutalen stalinistischen Zeit, nicht während des Sozialismus, und auf den konservativen József Antal oder die Sozialdemokraten Horn, Gyurcsány und Gordon Bajnai fiel ebenfalls kein Verdacht. Keinem von ihnen würde man nachsagen, dass sie ihr vom Volk bestätigtes Mandat zugunsten persönlicher Bereicherung missbraucht hätten. Im Gegenteil, Gordon Bajnai, der sozialdemokratische Ministerpräsident der Jahre 2009-2010, verrichtete seine Arbeit mitten in der Bankenkrise, die ganz Europa schwer traf, für das symbolische Monatsgehalt von einem Forint, das entspricht etwa drei Cent. Seine kluge Politik und sein ökonomischer Sachverstand haben das Land vor dem Kollaps bewahrt.

Blickt man nun auf Viktor Orbán, dann muss man wohl konstatieren: Die Zeiten haben sich geändert.

Es ist ja nicht so, dass man Orbán kein bequemes Leben gönnte. Nur dass seine Vermögensbildung durch Betrug, Korruption und die Aufzucht eines gewitzt operierenden Clans vonstattengeht, durch die großzügige Inanspruchnahme von Steuergeldern und den beträchtlichen Geldflüssen aus der Europäischen Union. Der Begriff Missbrauch greift hier zu kurz. In Ungarn spricht man von offenem Raub, einer Plünderung der öffentlichen Kassen im großen Stil.

Gleich in der ersten Regierungsperiode des Fidesz zwischen 1998 und 2002 begannen die Manöver, Steuergelder in den privaten Gebrauch umzuleiten, zunächst eine Art Testphase, um zu sehen, wie weit es wohl gehen könnte mit der Solidarität dem Regenten gegenüber. Unter dem Namen seiner Ehefrau erwarb Orbán Weinberge im altehrwürdigen Weinbaugebiet Tokaj, weiterer Landbesitz binnen kürzester Zeit folgte, eine Steigerung um das 11,5-Fache, von 5,5 Hektar auf 63 Hektar. Parallel dazu wuchs sein Immobilienbesitz auf das 13-Fache, ein zarter Anfang. Heute, derzeit in der insgesamt vierten Legislaturperiode an der Macht, umfasst das Orbán'sche Imperium Hotelketten, Ländereien, Villen, Fußballstadien, Grundstücke im Ausland, Firmenbeteiligungen, Medienunternehmen und lebhafte Bewegungen auf Offshore-Finanzplätzen, die bekanntlich mit genehmeren als den üblichen Rechtsnormen aufwarten. Sämtliche Mitglieder der Familie und ihre Strohmänner verfügen über einen *Finanzplatz jenseits der Küste*, wie es im Jargon poetisch heißt.

Genauestens seziert wird dieses Geschäftsgebaren in dem 2016 in Ungarn erschienenen Sachbuch *Das Orbán-Regime 2010-20??* von József Debreczeni, das bislang nicht ins Deutsche übersetzt wurde. Eines der Kapitel untersucht »Die Bereicherung des Orbán-Clans«. Im Folgenden wird auf dieses Kapitel Bezug genommen.

Tatsächlich ist es so, dass Sachbücher wie das oben erwähnte, die sich dem Orbán-Clan widmen, ungehindert erscheinen können und ihre Autoren – vermutlich – keine Repressionen zu befürchten haben. Orbán und seine hauseigenen Strategen gehen sicher recht in der Annahme, dass die vielleicht zehn-, zwanzigtausend Menschen, die diese Bücher lesen, ihn ohnehin nicht wählen würden. Sie stellen keine Gefahr dar für den Machterhalt. Zugleich bietet diese tänzerische Toleranz die einmalige Gelegenheit, Kritikern gegenüber zu demonstrieren, dass in Ungarn sehr wohl Meinungsfreiheit herrsche. Recherche-Ergebnisse wie das hier zitierte bleiben seitens des beteiligten Personals in der Regel unkommentiert, auch ziehen sie selten juristische Schritte nach sich.

Die Wege, sich Steuergelder oder EU-Fördergelder anzueignen, sind dabei relativ leicht zu beschreiten. Dem Findigen bieten sich zunächst luftige Räume durch allerlei Ausschreibungen für Hoch-, Tief- und Straßenbau, für den Ausbau des Schienenverkehrs und Bau überhaupt, für den Agrar- und Viehzuchtbereich sowie für viele andere Vorhaben zur Entstehung und Verbesserung der Infrastruktur im Allgemeinen. Vereinfachte Kriterien für die Bewerbung tragen dann dazu bei, dass diejenigen Firmen den Zuschlag erhalten, die im Umfeld von Orbán operieren. Die Vereinfachung besteht darin, die Parameter der Ausschreibung zielgerichtet auf die Anträge zuzuschneiden, die zur Bewilligung bereits fertig in der Schublade liegen. Pro forma kann sich jedes Unternehmen bewerben, um dann zu erfahren, dass es die Kriterien verfehlt habe. Die qua Ausschreibung erforderlichen Qualifikationen weisen vor allem Freunde, Verwandte, Strohmänner, Mitglieder des Orbán-Clans und sukzessiv nach feudalistischem Muster aufgebaute Syndikate auf, das sind staatliche, halbstaatliche, gemeinnützige und private Unternehmen. Zudem werden die Ausschreibungen vorsorglich erst veröffentlicht, wenn die Bewerbungsfrist fast schon abgelaufen ist, weshalb man sich ein langwieriges Auswahlverfahren dann gewissermaßen sparen kann. Es geht, wie immer, um Milliarden.

Orbáns System lacht sich unter dem Verdeck des Nationalen Glaubensbekenntnisses – so die Invokation in der von ihm initiierten neuen Verfassung, einer Ansammlung von Schäbigkeiten, depressives Zeugnis des Irrwitzes, klerikales Sittengemälde mit der neuerlichen Vermählung von Kirche und Staat – ins Fäustchen. Es ist ein System, das sich vom russischen Modell der Gegenwart und dem stalinistischen der Vergangenheit ableitet, Güter und Posten unter Gesinnungsgenossen verteilt mit der Nuance, dass die Wirtschaftsmagnaten ihren Machtbereich nicht zum eigenen Vorteil nutzen und ausbauen können. Insofern sind sie keine Oligarchen im klassischen Sinn, sie verfügen nur über wenig Einfluss auf das politische und wirtschaftliche Geschehen. Sie dürfen, von Orbáns Gnaden, auf den ihnen zugewiesenen Gebieten operieren, vorausgesetzt, sie erweisen dem absolutistischen, neofeudalistischen System Treue und Loyalität. Bei Fehltritten kann sich rasanter Aufstieg schnell in rasanten Abstieg verkehren. Unter diesem Damoklesschwert agieren sie, frönen ihrem Dasein als neue Elite und schweigen. Sie gehören zum erweiterten Kreis der stummen Familienmitglieder, Verwandten, Freunde – Amigos –, wie die Fliers und Mészáros. Mit ihren real existierenden Unternehmen und Schattenfirmen sind sie, wie auch die engsten Angehörigen, Anwärter und Empfänger bei der Verteilung der Gelder, die sich aus den Steuereinnahmen des Landes und den Töpfen der Europäischen Union zusammensetzen – den Steuergeldern europäischer Bürger –, um damit ihre Geschäfte im nominellen Auftrag des Staates zu erledigen.

Da die meisten regionalen Verwaltungen und Wahlbezirke vom Fidesz kontrolliert werden, haben sich dort um Bürgermeister und Parlamentsabgeordnete ebenfalls Machtzentren gebildet. Die oft nach Art der Mafia erworbenen öffentlichen Güter lassen sich durch Offshore-Firmen, Wirtschaftsvereine und Privatkapitalfonds *legalisieren*. Der Absicherung illegalen Besitzes dienen legal gegründete »zuverlässige« Stiftungen, denen die Verwaltung ganzer Bereiche überantwortet wurde. Unter dem Deckmantel des Credos vom sich verschlankenden Staat zieht die Regierung sich formal vom Regieren zurück, während sie die Stiftungen zugleich unter strenger Kontrolle hält. Es ist die Expropriation des Staates, die sich so vollzieht und die Hinüberrettung des Vermögens für den Fall eines Regierungswechsels ermöglicht.

In einer parlamentarischen Fragestunde wurde Orbán nach den Verbindungen zu seinen Strohmännern befragt, dank denen er zu seinem gigantischen Vermögen gelangt ist. Er erklärte: »Ich hatte nie Strohmänner, habe keine Strohmänner und werde auch in Zukunft keine Strohmänner haben. Meine Familie und ich verdienen unser Geld durch ehrliche Arbeit.« Ein Parlamentarier fragte noch, ob er den oder jenen Namen kenne. Ja, die kenne er, sagte er, man laufe sich doch über den Weg, das ergebe sich berufsbedingt, aber das sei auch schon alles. Dabei ließ man es bewenden.

Der Vater, Győző Orbán, ein ehemaliger Dorfkommunist mit lockerer Hand, gründete mit staatlicher Unterstützung ein Bergbauunternehmen, das in beeindruckender Weise prosperiert. Der Umsatz von anfangs jährlich 100 Millionen Forint in der ersten Regierungsperiode seines Sohnes wuchs stetig; die Dividende in der dritten Regierungsperiode 2016 betrug schon 1,2 Milliarden Forint, wohlgemerkt nicht der Gesamtumsatz, sondern der reine Gewinn nach Steuern.

Die Tochter, Ráhel Orbán, kontrolliert die Tourismusindustrie, eine der wichtigsten Einnahmequellen des Staates. Ihr Ehemann, István Tiborcz, von Beruf vor allem Schwiegersohn, stieg innerhalb kürzester Zeit zum Milliardär auf. Bevor er in die Familie einheiratete, führte er das kleine Unternehmen *BS Audit International* mit überschaubarem Gewinn und überschaubarem Verlust. Nach der Heirat, nunmehr mit Immunität ausgestattet, erweiterte Tiborcz den Geschäftsbereich durch die Eingliederung von vier weiteren Unternehmen und nannte den Komplex fortan *ES Holding GmbH/AG*. Und steigerte seinen Umsatz seitdem von 8 Millionen Forint auf 686 Millionen Forint im Jahr 2010 – der Wiederwahl Orbáns zum Ministerpräsidenten – und auf 3 Milliarden Forint bis 2012. Inzwischen hat sich als Mehrheitseigner ein dem Fidesz nahestehender Baukonzern mit seiner im Energiesektor tätigen Tochterfirma in das Unternehmen eingekauft sowie eine Offshore-Firma aus Zypern. In der Folge stieg der Profit nochmals, auf 7,6 Milliarden Forint bis 2015. Das märchenhafte Wachstum verdankt sich den mal öffentlichen, mal nicht öffentlichen Ausschreibungen, bei denen sämtlich das Unternehmen des Schwiegersohns den Zuschlag erhielt.

Die Familie Flier, ebenfalls in Felcsút ansässig, regelt die Geschäfte der Ehefrau von Viktor Orbán im grünen Bereich, darunter Wälder und Agrarland in der Umgebung und in weiteren Landesteilen. Auf vorsichtige Anfragen zu dem steten Wachstum erklärt Frau Orbán, die staatlichen Zuschüsse wie auch jene der Europäischen Union für die Bewirtschaftung der Felder flössen *letzten Endes* denjenigen zu, die als Pächter das Feld bestellen. Die Namen derer, die profitieren, gibt sie nicht preis, das tun dafür die Dorfbewohner und nennen als Strohmänner die Familie Flier zu Felcsút, einem Ort, der *peu a peu* zur reichsten Gemeinde Ungarns aufgestiegen ist.

Die alle anderen überragende Figur, der *first class man of straw*, ist jedoch der Nachbar, Lörinc Mészáros – Lorenz Metzger –, ein einstiger Gasinstallateur. Im Rahmen eines staatlichen Programms zu Beginn der 90er Jahre erhielt er den Auftrag, in Felcsút und im Umland Gasleitungen zu verlegen und anzuschließen. Dies sicherte ihm eine Zeitlang Einnahmen, dank deren das Landleben sicherlich einigen Genuss bereithielt. Doch um 2007 herum machte er nur noch Verluste. Als gelegentlicher Sponsor der Felcsúter Fußballmannschaft, Amateurliga, begegnete er Orbán im örtlichen Fußballstadion. Damit wendete sich das Blatt. Wenige Tage nach ihrem Gedankenaustausch wurde er Vorsitzender einer *ad hoc* gegründeten Stiftung für den Nachwuchs im Dorffußball, eine Position, durch die sich die Verluste im Gasgeschäft bald in Gewinne verwandelten. Auch ließ sich das Unternehmen mit dem Einstieg ins Baugewerbe erweitern; die Einnahmen der nun unter der Bezeichnung firmierenden *Mészáros & Mészáros GmbH* stiegen nach dem Wahlsieg Orbáns im Jahr 2010 auf 835 Millionen Forint, im Jahr 2011 auf 2,2 Milliarden, 2012 auf 4,6 Milliarden. Blickt man heute auf das Jahr 2012 zurück, erweist sich diese unvorstellbare Expansion bloß als Beginn eines märchenhaften Aufstiegs. Die *Mészáros & Mészáros GmbH* hat im Laufe von zehn Jahren, von 2006 bis 2016, ein tausendfaches Wachstum produziert, die Einnahmen von 19,2 Millionen Forint im Jahr 2006 stiegen bis 2016 auf 20 Milliarden Forint pro Jahr. Zum Vergleich: Laut dem ungarischen Nachrichtenportal *Index* konnte *Facebook* resp. *Meta*, dessen Geldvermehrungskunst zu den Weltwundern zählt, seinen jährlichen Umsatz lediglich um das Sechshundertfache steigern, *Apple* sogar nur um das Zwölffache. Allein im Jahr 2016 kamen Mészáros' Unternehmen Staatsaufträge in Höhe von 225 Milliarden Forint zugute, aus Steuer- und EU-Geldern, von denen seine damals schon mehr als 30 Firmen profitierten, darunter Agrar-, Immobilien- und Baufirmen, Medien- und Hotelketten (Hunguest), das komplette Spektrum regionaler Blätter und Tageszeitungen (Médiaworks), sämtliche Campingplätze am Plattensee. Zudem ist Mészáros mittlerweile Anteilseigner im Energiesektor und an der FHB Bank sowie Besitzer von Echo TV, einem Sender, der in der Vergangenheit unter anderem mit antisemitischen und rassistischen Ausfällen von sich reden machte. Binnen eines Jahres, zwischen 2015 und 2016, stieg das Privatvermögen von Mészáros um das Fünffache, von 23,8 Milliarden auf 120 Milliarden Forint. Presseberichten zufolge ist es *das schnellste Vermögenswachstum in der ungarischen Geschichte.* Heute, 2021, zählen 400 Firmen zu seinem Besitz, sein Privatvermögen wird auf 455 Milliarden Forint geschätzt. Ob ein Konsortium über das Monopol wacht, ist nicht bekannt, geredet wird lediglich von der *Mészáros Gruppe*. *Forbes* führt ihn 2019 auf Platz 2057 der Superreichen dieser Welt. Das weckt Neugier, Blicke, Kameras richten sich auf ihn. Fragen beantwortet Mészáros sparsam, freundlich, zurückhaltend dank der Einsicht, dass auch er nur einmal lebt. Das macht ihn zur Ausnahme im Umkreis von Orbán, und auch wenn er Unsinn reden mag, redet er auf seine Art wahrhaftig. Auf die Frage eines Fernsehmoderators, ob ihm die Freundschaft mit dem Ministerpräsidenten hilfreich sei, antwortete Mészáros mit überraschender Bescheidenheit, gewiss, die Freundschaft sei von Nutzen, letztlich liege es aber bei jedem selbst, ob er glücklich werden wolle. Damit schlägt er einen anderen Ton an als das Statement von János Lázár, dem ehemaligen Fraktionsführer des Fidesz und langjährigen Bürgermeister einer Stadt mit Blick auf die Puszta, aktuell Bürochef Orbáns: Wer in diesem Land nichts hat, ist auch nichts wert.

Ohne Fußball kein Orbán und ohne Orbán kein Fußball. Sein vielleicht bizarrstes Projekt ist der Bau von Fußballstadien. Eines davon, Bauherr ist die *Mészáros & Mészáros GmbH*, ließ er in Felcsút unter dem Namen »Ferenc Puskás Fußballakademie« entstehen. Das fertige Stadion ist nur eine Armlänge von Orbáns Haus entfernt, es fasst 3500 Zuschauer, das Doppelte der Einwohnerzahl von Felcsút. Der Bau kostete 4 Milliarden Forint, etwa 135 Millionen Euro. Die Baukosten pro Zuschauersitz betrugen etwas mehr als eine Million Forint. Im neuen glanzvollen Stadion von Turin lagen sie bei umgerechnet 800 000 Forint pro Sitz. Und Turin, wo Cesare Pavese lebte, ist eine lebendige, prosperierende Stadt, eine Weltstadt, wo Materialkosten, aber auch die Gehälter und Löhne viel höher sind als in Ungarn. Da spielt die große Traditionsmannschaft von Juventus Turin vor 41 000 Zuschauern, eine Million Menschen leben hier.

Im Falle des Felcsúter Stadions jedenfalls lief alles nach dem üblichen Muster: eine »private« Investition aus Einnahmen des Staates und Geldern von der Europäischen Union. An der Fußballakademie sollen junge Spieler ausgebildet werden, um sie später auf dem internationalen Markt verwerten zu können. Es wäre zwar schade, wenn dies scheiterte, aber auch nicht weiter von Bedeutung, denn das Risiko trägt unfreiwillig der Staat, nicht der Unternehmer. Bei *Radio Kossuth* nimmt Orbán unmissverständlich und mit der ihm eigenen angewandten Straßenphilosophie Stellung: »Vielleicht sieht man es heute noch nicht, wer aber zum einen für den Fußball, zum anderen für dessen geschäftlichen Hintergrund einen Blick hat, kann sehen, dass der ungarische Fußball zu einem außerordentlich lukrativen Faktor geworden ist. Ich habe mit sehr vielen Leuten darüber gesprochen. Ich habe mit führenden Persönlichkeiten aus der Profiliga gesprochen, mit vielen Geschäftsleuten, ich kenne fast alle Besitzer von Proficlubs, und ich habe mir ihre Meinung angehört. Wovon wir hier reden, gilt nur für die Profi-Welt, betrifft nur die Welt derjenigen, die aus Geld Fußball und aus Fußball Geld machen.«

Dank seines Vermögens ist Mészáros zwar der Rolle als Orbáns persönlicher Strohmann entwachsen, doch über die Ambitionen und Fähigkeiten, sich eine eigenständige Machtposition zu sichern, verfügt er nicht. Vielleicht ist er nicht der Typ dafür, ist im tiefsten Inneren immer noch der Gasinstallateur, der er einst war. Er vermittelt auch nicht den Eindruck, als sei er ein sonderlich begabter Geschäftsmann. Zudem weiß er sicher, dass seine Position fragil ist. Er wirkt wie der gemütliche Dorfnachbar, der vielleicht nicht immer auf den ersten Blick erfasst, was um ihn herum geschieht oder was er da unterschreibt, Treusinn möchte man ihm darin attestieren, dieses Attribut für nette Hunde. Der Ministerpräsident hat jederzeit die Kontrolle, lässt nicht zu, dass jemand sich über ihn erhebt, sein Machtwille und seine materielle Gier machten auch Mészáros zu dem, der er heute ist. Die rasanteste und dunkelste Vermögensvermehrung in der ungarischen Geschichte ist in Wahrheit jene von Orbán selbst.

Mészáros & Mészáros, ein Mann und sein Schatten, ist indes bloß ein Beispiel, wenn auch ein Musterbeispiel. Der Gasinstallateur sei hier für die anderen Geschäftsfreunde des Ministerpräsidenten hervorgehoben, deren Vorstellung an dieser Stelle den Rahmen sprengen würde. Sie ist auch nicht nötig, denn diese anderen Geschäftsfreunde arbeiten dem Ministerpräsidenten, der über sie wacht, in der gleichen Weise zu, während sie ihrerseits über das Bankwesen, den Energiesektor, die IT-Branche und das gesamte Spektrum der Lebensmittel- und Tourismusindustrie wachen. Die Liste ist bei weitem nicht vollständig.

Der Weg von der russischen Gazprom zum ungarischen Gasdeal ist durchaus gangbar. Ein langfristiger Vertrag, den Orbán mit Gazprom ausgehandelt hat, sichert die Gasversorgung des Landes und stellt zugleich eine gewisse politische Abhängigkeit von Russland her. Als sich zeigte, dass der Gaspreis im Westen billiger ist als der von Putin erhobene, musste eine gute Idee her: Nach einem Erlass des Nationalen Energieministers – in Ungarn heften sich inzwischen fast alle Dienstleister das Prädikat *national* an, die von der Regierung geplünderte private Rentenkasse ebenso wie die von ihr kontrollierten »nationalen« Tabakläden mit ausschließlich internationalen Zigaretten im Regal – wurden die Subventionen für Energieunternehmen gestrichen, was jedoch bedeutete, dass diese ihre Gaspreise um 30-40% erhöhen mussten. Um dies auszugleichen, gestattete die Regierung den Energieunternehmen, sich mit bis zu 0,6 Milliarden Kubikmeter aus dem staatlichen Gasreservoir zu bedienen, jener Menge an Gas, die durch den Entzug der Subventionen als Verlust berechnet wurde. Im Gegenzug plante der Staat, die auf diese Weise angezapfte staatliche Gasreserve durch günstige Ankäufe von westeuropäischen Märkten wieder aufzufüllen. Doch statt 0,6 Milliarden Kubikmetern wurden insgesamt rund 20 Milliarden Kubikmeter Gas aus dem westlichen Ausland eingekauft, also die 34fache Menge. Was angesichts des höheren Preises bei Gazprom eine Einsparung, oder einen Reingewinn, je nach Geschmack, von 588 Milliarden bedeutete.

Woher und wohin auch immer Gas fließt, braucht es sorgfältig gelegte Rohre in der Erde. Die Verlegung und Wartung von Gasleitungen ist, wie oben erörtert, das Spezialgebiet von Herrn Mészáros.

Die Genehmigung für die Abwicklung des Geschäfts hatte das staatliche Unternehmen MVMP (Ungarische Energiewerke) erhalten. Um die Transaktion durchführen zu können, benötigte MVMP die Beihilfe einer privaten Firma. Die Wahl fiel auf den Mineralölkonzern MOL AG, eine Art halbstaatliche Wir-AG, die normalerweise ihr Schwarzgeld an den firmeneigenen Tankstellen wäscht. An der MOL AG beteiligte sich mit einem Mal auch die Schweizer Firma MET Holding AG zu 100%, deren Tochterfirma, MET, beauftragt wurde, den Deal durchzuführen. Das von der MET, einem von Orbán sorgsam geschützten Unternehmen mit Sitz in der Schweiz, im Westen erworbene Gas wurde, auf österreichischem Boden kurz vor der ungarischen Grenze, an die staatliche MVMP verkauft und gleich nach der Überquerung der Grenze zurück an die MET. Dazu war ein für diesen einen Tag gültiger Kauf-Verkauf-Vertrag nötig. So gelangte die kostbare Ware, nunmehr im Privatbesitz, nach Ungarn. Die MET speiste das billig erworbene Gas in den ungarischen Markt ein, zu dem höheren, von Gazprom bekannten Preis, und erzielte gigantische Gewinne. Wovon sie 55 Milliarden Forint Dividende an die Firmenbeteiligungen ausschütten konnte. Wohlgemerkt nur die Dividende, der erzielte und einbehaltene eigene Gewinn der Firma MET lag weit darüber.

Fremdes, länderübergreifendes Geld anzuhäufen ist eine Droge mit Langzeitwirkung. Der Bau von sieben oder acht Fußballstadien, darunter ein überdachtes, Hotels, ein Habsburg-Schloss, weitere Prachtschlösser, Bankhäuser, Beteiligungen im Energiesektor und in der Agrarwirtschaft, dubiose Deals mit Prachtgebäuden in der Budapester Innenstadt und zahlreichen anderen repräsentativen Immobilien etc.; kaum ein Großobjekt oder Großprojekt, das nicht mit dem Namen Orbáns beziehungsweise mit Familienmitgliedern und Vertrauten in Verbindung stünde. Unkontrolliert fließen Steuergelder und EU-Fördergelder in die Kanäle der Selbstversorgung, der Parteifinanzierung, in die Beschwichtigung der eigenen Klientel, in diverse Bestechungen. Anstelle von Gemeinwohl tritt geschmeidig das gemeine Wohl Weniger.

In Sachen Energie, Tourismus, Immobilien und Geldwäsche lassen sich nützliche Kontakte auch im Nahen Osten finden. Eines schönen Tages trat Ghait Pharaon ins Bild, ein unvorteilhaft beleumundeter jordanischer Geschäftsmann, der Lust verspürte, ins Geschäft mit Luxusimmobilien in Ungarn einzusteigen. Er tätigte einen lukrativen Kauf nach dem nächsten, erwarb das Schloss Zichy-Hadik, dann, vermittelt durch den bereits erwähnten Schwiegersohn Tiborcz, das denkmalgeschützte Stammhaus der Postbank in der Budapester Innenstadt und bald darauf die trutzige Luxusvilla Orbáns in Buda. Orbán nannte ihn, der dem Clan inzwischen ans Herz gewachsen war und selbstlos weitere Kontakte vermittelte, »Professor Pharaon«.

Die Verflechtung zwischen den »geschäftlichen« Angelegenheiten der Orbán-Familie und der Amtsführung des Staates zeigt sich auch in einer weiteren Posse. Diesmal war der Schauplatz Bahrein. Auf der Homepage der dortigen *National Oil & Gas Authority* wurden Gespräche zwischen dem Energieminister von Bahrein und dem Ehepaar Tiborcz bekannt gegeben. Die Verlautbarung wurde von einem Foto begleitet, auf dem die ungarische Delegation, bestehend aus der Tochter und dem Schwiegersohn Orbáns, gutgelaunt mit den ernst dreinblickenden Kollegen aus Bahrein in die Kamera schauen. Die Mitteilung über das Treffen, das der ungarischen Öffentlichkeit vorenthalten wurde, äußerte sich nur spärlich zum Gegenstand der Unterhaltung. Die junge Orbán sprach von den Vorzügen des Tourismus als solchem, ihr Ehemann

Tiborcz von den Nachteilen des russischen Gases und der Energieminister von Bahrein meinte, im Gegensatz zu alldem könne man das schöne Öl, da es konkret sei, bares Geld, wenigstens anfassen.

In den Augen des zuständigen Untersuchungskomitees des US-Senats ist Ghait Pharaon kein Professor, sondern ein normaler Krimineller, dessen Tätigkeitsfelder Betrug, Geldwäsche, Bestechung, der Handel mit Waffen und Nukleartechnologie, die Unterstützung terroristischer Organisationen, die Förderung von Prostitution sowie die Finanzierung von Schleuserbanden für illegale Einwanderung umfassen. Er wurde nicht nur vom FBI, sondern auch von Interpol gesucht. Seiner Verhaftung entging er nur, weil er sich von der CIA anwerben ließ. Zu seiner potentiell staatsgefährdenden Beziehung zu Pharaon im Parlament befragt, erklärte Orbán, es handele sich bei der Aufregung um seinen neuen Nachbarn in Buda im Wesentlichen um ein »Spielchen des amerikanischen Geheimdienstes«, um ihn zu schwächen. Inzwischen ist Pharaon verstorben. Vermutlich sind nicht nur die CIA und der Schweizer Geheimdienst im Besitz wichtiger Erkenntnisse und Dokumente über Orbáns Machenschaften.

Wie kann es sein, dass die Europäische Union trotz solcher Entlarvungen weiterhin nur mutmaßt, die Geldflüsse würden in Ungarn in falsche Hände geraten? Und immer noch zweifelt, wie damit umzugehen sei. Darauf findet sich keine Antwort.

Einschätzung, Vorschlag. Es ist wieder zur Profession geworden, ethische, ökonomische und ökologische Werte zu vernichten und den aus der Menschheitsgeschichte hinlänglich bekannten radikalen Primitivismus zu verfechten. Assad und Lukaschenko sind Synonyme für Unterdrückung und Mord. Wie effizient sie ihre mehr oder weniger raffinierten Instrumente auch einsetzen mögen, so durchsichtig sind sie in ihren Delirien.

Es gibt vielleicht vierzig, fünfzig Diktatoren, eine Gruppe von vielleicht fünfzigtausend Menschen, wenn man ihre Leibwächter dazurechnet. Ihnen das Handwerk zu legen, bedarf keiner raffinierten politischen Kunst. Nicht auszuschließen, dass die Hälfte der Leibwächter schlechtgelaunt darüber nachdenkt, ob es sinnvoll wäre, überzulaufen. Wenn sie nur wüssten, wohin. Gut bezahlte Sklaven ihrer Herren, in leicht schwindsüchtiger Erwartung eines Winks, der Stressabbau verspricht. Schließlich kann ihr Herr jederzeit fallen, das spürt der Herr, das spüren sie. Ihnen diesen Wink zu geben, das wäre doch möglich. Hyde Park, Jardin du Luxembourg, auch Sanssouci oder die Villa Borghese können immer fähige Parkwächter gebrauchen. Festes Gehalt, Aufstiegschancen, ruhiges Leben im Grünen. (Dem Militär ist es in der Regel gleich, wer gerade an der Macht klebt und durch Zerstörung der Lebensbedingungen sie zu schützen vorgibt, wichtig ist nur, dass der Sold weiterfließt.) Falls der Job im Park nicht jedem zusagt, gibt es Alternativen, die allesamt kostengünstiger sind als die geleisteten und zukünftig noch zu leistenden Hilfszahlungen in alle Welt. Denjenigen, die ihr Leben lieber weiterhin im Kampfmodus verbringen wollen, kann man neben Kost, Logis und Bargeld außerdem anbieten, die rasant wachsende Zahl der Leute in Europa, die ihr Selbstbewusstsein stärken wollen, in verschiedenen Kampftechniken zu unterrichten, zum Beispiel in Wochenendkursen. Darüber hinaus könnten Leibwächter, denen der Anblick ihres Herrschers unerträglich geworden ist, offene Stellen in den nationalen Friedensarmeen besetzen. Und wem all diese Offerten immer noch zu spannungslos erscheinen, dem bleibt der Eintritt in die Fremdenlegion – lauter Möglichkeiten, den Diktatoren zu entkommen und einer Beschäftigung innerhalb eines demokratischen Rahmens nachzugehen. Dass die Millionen von Freiheitssüchtigen in zugrunde gerichteten Weltgegenden mit den verbleibenden fünfundzwanzigtausend nicht fertigwerden könnten, ist kaum vorstellbar.

Was sich wie ein nicht ganz gelungener Scherz lesen mag, ist trotzdem kein weniger seriöser Vorschlag, als es die durchaus konsensual formulierten Übereinkünfte zwischen den Staaten zur gemeinsamen Bekämpfung der Klimakatastrophe sind, die von der Katastrophe des geistigen Klimas nicht zu trennen ist. Zur Geburt der Idee, die Katastrophe für Mensch und Natur noch irgendwie abzuwenden, verhalfen nicht allein wissenschaftliche Erkenntnisse und Fakten, sondern ebenso die von jedem wahrnehmbare Not. Nicht weniger Fakt und von jedermann wahrnehmbar sind auch die Millionen Toten in sogenannten Bürgerkriegen und anderen Kriegen, die Millionen Verhungernden, Kinder, Mütter und Väter, die Millionen auf der Flucht vor Krieg und Tod. Der Frage, wieso es vernunftgeleiteter Politik nicht möglich sein soll, neben der Klimakatastrophe auch auf das politisch organisierte Unheil in der Welt *konkret* und *unmittelbar* zu reagieren, den fortgesetzten Angriff auf die Minimalkultur und Grundsätze des Gemeinschaftslebens zu parieren, kann man nicht länger ausweichen. Dass dies im Themenblock oder wenigstens als allegorische Nebenidee auf der Agenda von Frau von der Leyen und Madame Lagarde fehlt, nimmt man zumindest enttäuscht zur Kenntnis, es lässt vermuten, dass im Verständnis für *alternativlose globale Bewegungen* nur Kriege, Handelskriege, Kinderarbeit, Massenvegetieren, Hungersnot einbegriffen sind, nicht aber deren Verhinderung.

Viel und seit längerem ist die Rede von Beschleunigung. Auch spricht man regelmäßig von der *komplex gewordenen Weltlage.* Wer und was schneller und komplexer geworden sei im Gegensatz zu anderen Zeiten, können nur die Wenigsten einschätzen. Wer mit diesen Begriffen hantiert und sie gleichzeitig entleert, jeden Kommentar zur Lage mit ihnen beginnt und schließt, strahlt nicht, errötet nicht, ist auch nicht depressiv geworden, wirkt nur unentschieden bis fahl, wie jemand, der sich längst mit etwas abgefunden hat, was er nur vage kennt und gedanklich kaum zu durchdringen vermag. Sicher, die Rechnungen treffen inzwischen online ein und man wird schneller nervös, der Job ist nur sicher bis zu dem Tag, an dem man seinen Arbeitsplatz gerade noch betrat, doch das kann bereits gestern gewesen sein. Es trifft auch zu, dass durch Cyberterrorismus ganze Industriezweige, Geheimdienstbüros und Zentren politischer Macht sowie Zivilpersonen binnen Sekunden ausspioniert und lahmgelegt werden, wie das früher nicht möglich war. Und so weiter. Auch komplexer ist die Welt nicht geworden, im Gegenteil stehen die Dinge eher so, wie sie zur Zeit des Kalten Krieges schon einmal standen. Die Fronten sind wieder klar; der ehemalige Ostblock hat zu sich zurückgefunden und kämpft mit imperialistischen Tricks gegen den Imperialismus. Indessen steht man nach wie vor nervtötend lange in der Schlange vorm Postamt. Will man Offizielles – belangloses bis existentielles – per Telefon erledigen, landet man in der Warteschleife und wartet, zunehmend gereizt wegen der penetranten Musik, die beruhigend wirken soll. Das einzige Amt, das einigermaßen flott reagiert, ist das Finanzamt. Sonst dauert es eine Ewigkeit, bis ein dienstleistender Dilettant rangeht und erklärt, man solle sein Anliegen *online* vorbringen. Auf die abgesandte E-Mail hin folgt prompt eine automatisch generierte Mitteilung, die den Eingang der E-Mail bestätigt und baldige Bearbeitung verspricht. Wochen vergehen, bis man eine Antwort erhält auf Fragen, die man nicht gestellt hat. Falls man in dem Jahr dann doch noch jemanden an die Strippe bekommt, heißt es, das Büro werde mit E-Mails bombardiert und man komme nicht hinterher. Haben Sie Geduld, bittet die an Beschleunigung leidende Stimme und legt auf. Da kann Alexa, die bahnbrechende *Innovation*, auch nicht weiterhelfen. Eher verursacht ihre Einmischung ins Dasein eine Serie schlimmster Alpträume an einem einzigen

Tag. Alle handeln sie von künstlicher Intelligenz und öffnen gigantische Räume für echte Unintelligenz.

Das barocke Bürgeramt im Zentrum von Budapest, das jedes Jahr einen frischen rosa Anstrich erhält, kommt seit langem ohne Sprechstunde aus. Einzig den Stadtbewohnern übergeordnete Figuren in mäßig sitzenden dunklen Anzügen eilen mit ihren Köfferchen geschäftig hinein und hinaus, während der vom Bauern- und Arbeiterstaat wundersam übriggebliebene Amtsvorsteher immer wieder zwischen lauter bunte Fahnen auf den Balkon tritt, Bürgersinn simuliert und ihm freundlich hinterherwinkt, jenem Bürgersinn, den es in dieser entlegenen Provinz zu Zeiten des Römischen Reiches einst anflugsweise gegeben hat und der seitdem am Boden liegt.

Ansonsten mahlen die Mühlen der Politik so langsam wie eh und je, wenn es um die Abwehr von Unheil geht oder um die Rentenerhöhung um 3 Cent; beschleunigt, konsequent und weltumfassend handeln nur die erbitterten Feinde der Aufklärung und der Humanität.

Vorbilder dafür, die Dinge so zu sagen, wie sie gesagt werden müssen, und dem Wortsinn nach zu handeln, gibt es genug: Mirabeau, Atatürk, Churchill, Roosevelt, Willy Brandt, Hildegard Hamm-Brücher. Und Sepp Herberger, der klipp und klar gesagt hat, dass der Ball rund sei, er müsse bloß ins Tor, und durch diese Weisheit Deutschland neun Jahre nach Kriegsende aufatmen ließ.

Es bietet sich an, das einmal Begonnene weiterzudenken und ins Paket »Bekämpfung der Klimakatastrophe«

die Namen derjenigen mit aufzunehmen, die den gegenwärtigen geistigen Zusammenbruch so aktiv befördern.

Nach dem Ende des letzten Weltkriegs, als man noch keine Märchen von Engeln erzählte, kein parlamentarisches Theater von Identitätsphantasmen aufführte und der Fundus klarer Moralvorstellungen noch nicht so triebhaft geplündert wurde, gab es eine allgemein verständliche und akzeptierte Verfahrensweise, so auch in der vorchristlichen Demokratie im athenischen Areopag: Absichten wurden nicht berücksichtigt. Mit dem Massenmord in christlicher Zeit verfuhr man in den Nachkriegsprozessen ähnlich und verlieh sich Würde als urteilender, handelnder Mensch: »Dieser oder jener hat diese oder jene Tat begangen. Was ihn dazu bewogen hat, ist unwichtig.« Eine schwierige Kindheit, spontane Arbeitslosigkeit, trunksüchtige Nachbarn, seelische Labilität wurden nicht einmal als Nebensache akzeptiert; die Motive eines Bolsonaro, von Orbán, Lukaschenko, Assad und seinem Mentor Putin, Erdoğan etc. sind nicht relevant. Relevant ist das, was sie bewerkstelligt haben und bewerkstelligen. Orbán und Assad in eine Reihe zu stellen, ist gewiss etwas unfein, schließlich lässt Orbán keine Menschen abschlachten. Erdoğan, der einstmals noch zögerliche Bewerber um die Mitgliedschaft in der Europäischen Union, nimmt eine prominente Stelle zwischen den Zerstörern ein, indem er Kurden und Gegner seiner Diktatur eliminiert. Salvinis vitale Forderung *Gebt mir alle Macht* demaskiert ihn als ambitionierten Nachfolger Mussolinis, der seinerzeit mit dieser Forderung Erfolg hatte. Die italienische Bevölkerung wies sein Ansinnen in Kenntnis der eigenen Geschichte zurück, was zum – wahrscheinlich vorläufigen – Fall Salvinis führte. Doch auch Orbán arbeitet am Zerfall, allerdings mit nicht nur passiver Mithilfe seiner Landsleute, am Zerfall der Europäischen Union, an der endgültigen Zerstörung der Meinungsfreiheit und des Rechtsstaats, arbeitet daran, für sozial schwach befundene Bevölkerungsschichten aus der Gesellschaft auszustoßen. Es eilen ihm beflissene Nachfolger aus Polen hinterher, die Zustimmung der völkisch-nationalen AfD in Deutschland ist ihm sicher, beide, AfD wie Orbán, begegnen sich in ihrer Bewunderung für eine ausgediente völkisch-nationale Lebensweise – genauer: völkisch-nationale Todesweise –, ebenso sicher war ihm bis vor kurzem noch die zehnjährige Zustimmung aller konservativen Volksparteien in der Europäischen Union. Salvini und Orbán küssen sich wie einst die düsteren Helden des Ostblocks Honecker und Breschnew, Madame Le Pen klatscht Beifall. Diese Küsse. Orbán küsst nun auch das Dokument des Pakts, den Le Pen, Salvini und er unlängst geschlossen haben. Der europäische Faschismus konstituiert sich. Da denkt man an die absurde These des angesehenen Historikers Ernst Nolte, dass »es eine rechte, radikale, aber demokratische, also verfassungstreue Partei geben sollte«, ein Musterbeispiel obskurer Denkweise, einer pathologischen Vorstellung vom Willen zur Macht und zurück, der Macht dank göttlicher Vorsehung – wie Diktatoren die geglückte Jobvermittlung von oben apostrophieren –, mit der typischen »intellektuellen« Fehlleistung, Außerzeitliches mit Verzeitlichung zu versöhnen. Politische Lebensfeindlichkeit soll mit der gnadenvollen

Tolerierung des Lebendigen koexistieren. Als könnte es *fair* zugehen zwischen diesen beiden Denkschulen, was einer Verspottung persönlicher wie allgemeiner Erfahrungen des gerade erst vergangenen 20. Jahrhunderts gleichkommt, eine Meinung, die sich heute durchgesetzt zu haben scheint und die das Elend nur mehr heraufbeschwört, wie es die für ihre Überparteilichkeit geschätzte *American Historical Association* konstatiert. Die eine Denkschule bleibt der Tradition und also der historischen und der zeitgenössischen Wahrheit verpflichtet, während die andere nach *fairem* Wettbewerb schreit, und *fair* heißt bei ihr, »eklatanten wissenschaftlichen Regelbruch zu begehen und die Volksmassen zu belügen und zu betrügen«. So hielt es Trump, so halten es auch führende Figuren der AfD oder Orbán und seine Kamarilla. »Einher geht das mit der faschistischen Instrumentalisierung von Begriffen wie Schöpfertum, Größe, Ewigkeitswert, Geheimnis« – das Fest des politischen Obskurantismus. Es läuft, lapidar gesagt, gegen Mensch und Würde, und weil jeder einzelne Mensch zählt, gegen die Existenz an sich.

Revolution. »Revolution!«, rief Orbán euphorisch aus nach der Wahl, bei der seine Fidesz-Partei eine Zweidrittelmehrheit errungen hatte, und er wird nicht müde, diesen Ausruf, eine These ohne Inhalt, regelmäßig zu wiederholen. Einer Revolution geht normalerweise eine Theorie voraus, eine solche stand dem theoriefeindlichen Orbán nicht zur Verfügung, außerdem konnte er nicht wissen, dass die Wahlen zu seinen Gunsten ausgehen würden. Statt Revolution hätte er genauso gut Konterrevolution, vielleicht auch Irredentismus oder Restauration ausrufen können, das wäre anständiger gewesen, oder »nationale Reinkarnation«, besser noch Retaliation, das klingt zwar nicht so edel, beschreibt aber den Charakter seines politischen Handelns treffender. Retaliation wofür? Für das Vergehen der Zeit? Jedenfalls war die Wahlnacht zu kurz, um jene gewaltsame Zerstörung des Rechts zu bewerkstelligen, die unvermeidlicher Bestandteil einer Revolution ist und die die klassischen Philosophen wie zum Beispiel Kant als Rückfall in den Naturzustand gesehen haben. Auch war die Nacht zu kurz, um *mit Gewalt in die sittlichen Verhältnisse einzugreifen*, wie Walter Benjamin sagen würde. Der Begriff »Revolution« beinhaltet Totalität, zu deren Durchsetzung es mehr brauchte als einen Ministerpräsidenten mit einem Glas Prosecco in der Hand und frischer Dreiviertelmehrheit.

Das Guthaben des Volkes. Zwei Millionen Ungarn schöpfen ihr Wasser aus Brunnen. Fünfundzwanzig bis fünfzig Ungarn pro Dekade schöpfen aus dem Brunnen der Erkenntnis von Epiktet, Pascal und Hegel. Drei Millionen Ungarn leben unterhalb der Armutsgrenze, weitere zwei Millionen leben in der Angst vor dem Verlust ihrer ohnehin labilen Arbeitsstellen. Es gab und gibt keinen einzigen Ungarn, der Respekt hat vor der Geschichte oder Angst vor deren Urteil. Vier Millionen Ungarn wärmen sich am billigen Schnaps. Zweitausendfünfhundert Ungarn wärmen sich im Sommer an der Küste Kroatiens auf den Terrassen ihrer Villen und schicken den neuen Protagonisten der wieder modischen Ustascha Selfies bei Nacht.

Zwei Drittel der Bevölkerung wohnen in Dörfern mit weniger als tausend Einwohnern und ohne Verbindung zur restlichen Welt, sie dürfen beim Anblick der frisch gestrichenen Dorfkirchen, der restaurierten Kriegs- und Kriegsverbrecherdenkmäler auf Marktplätzen und der Fahne aus der Horthyzeit, die an jedem Provinzrathaus neben der ungarischen und der Fahne der Europäischen Union hängt, in der erschaudernden Ödnis und Totenstille rundum die müden Beine ausstrecken.

Ein Ungar zog unlängst in die Burg von Buda, in den ehemaligen Sitz des vorletzten ungarischen Königs. Der letzte König saß nicht hier, er residierte in Wien und war der

Welt vor allem als Kaiser von Österreich beziehungsweise der österreich-ungarischen Monarchie bekannt. Mit Ende des Ersten Weltkriegs brach die Monarchie zusammen, ein alter Traum der Ungarn ging in Erfüllung – endlich selbständig und befreit aus der Doppelmonarchie, endlich ohne den enervierenden Reform- und Modernisierungswunsch von der österreichischen Seite hören zu müssen. Die Chance, die eigene Zukunft selbst in die Hand zu nehmen, war da, aber wie es so ist, fühlten sich die Ungarn doch schnöde alleingelassen, wieder einmal eine Weltverschwörung gegen sie. Bis Horthy wie aus dem Nichts aufkreuzte, die Ungarn wachrüttelte, ihnen die schlechten Träume austrieb und neue einflößte.

Seit Anfang 2019 lebt nun auch Orbán hier, nachdem er das ehemalige Karmeliterkloster innerhalb der weitläufigen Burganlage für horrende Summen zum neuen Regierungssitz umbauen ließ. Die Aussicht aufs andere Ufer der Donau mit dem Zuckerbäckerbau namens Parlament, der Orbán zu eng geworden war, ist einem absoluten Herrscher durchaus angemessen. Die Symbolik ist unübersehbar, die Botschaft des neuen Königs unüberhörbar. János Áder, der treue Freund und Staatspräsident, der ebenfalls umzog und nebenan in einem Palais residiert, ist nun der ranghöchste Hofschranze. Ob Orbán mit der Idee spielt, sich krönen zu lassen, steht freilich dahin.

Auch Reichsverweser Horthy schätzte die Burg zum Wohnen und Herrschen, seine Amtszeit erstreckte sich über ein Vierteljahrhundert. Im Dunstkreis der von offizieller Seite betriebenen Horthy-Nostalgie avancierte der einstige Verbündete Hitler-Deutschlands, unter dessen Regime fast eine halbe Million ungarischer Juden nach Auschwitz deportiert und ermordet wurden, zum untadeligen Nationalhelden.

Der Umzug in die Burg, dieses Sinnbild des Despotismus, ist, nachdem die Gewaltenteilung systematisch geschwächt worden war und die Macht sich nunmehr in der Regierung und der mit ihr nahezu identischen Zentrale des Fidesz mit dem Vorsitzenden Orbán konzentrierte, durchaus folgerichtig. Es sind aber nicht nur die schönen Aussichten, die die Burg bietet, von hier aus lässt sich auch das europäische Christentum gut verteidigen. Dieser edlen Aufgabe nachzugehen, ist wirklich reizend vom Ministerpräsidenten, diesem nach eigenen Angaben einzigen noch authentischen Christdemokraten innerhalb der Europäischen Union, der sich zum letzten Verteidiger des christlichen Abendlands erklärt gegen Liberale und den Fortschritt, gegen die Aufklärung und frei atmende Gesellschaften, gegen Migranten aus »unchristlichen« Ländern, in denen der Terror grassiert. Nun ist sie wahr geworden, eine gelungene Farce mit dunklem Sinn: Der philiströse Kleinbürger mutiert, knapp 500 Jahre nach Molière, zum Edelmann. Nur dass im tragikomischen Lehrstück von Molière der in seiner Leere nach Höherem strebende Protagonist vorgeführt wird, während in Ungarn als Proszenium der kontinentalen Bühne dieser ein ganzes Land und halb Europa vorführt. Ein Anachronismus mitten im Anachronismus. Vermutlich wurde Orbán das Christentum in einer ungarischen Kirche erklärt, denn dass nur ein christliches Europa den Fortbestand des Kontinents garantiere, wie er es unablässig hervorhebt, bedeutet in seiner Sprache die *reinnationale gojische* Einheit. In Ungarn existiert keine christliche Tradition. Christliche Werte sind der ungarischen katholischen Kirche unbekannt, und wenn sie ihr irgendwie doch bekannt sind, vermeidet sie es standhaft, diese zu vertreten. Die Kirche steht heute da, wo sie vor 300 Jahren gestanden hat, keine Reformen, keine neuen theologischen Erkenntnisse seither. Die neuerliche Hinwendung des Staates zur Kirche, ihre Einbindung in immer mehr öffentliche Institutionen, Kindergärten, Schulen und Universitäten ist eine Bestätigung dieser Tatsache. Die Kirche Ungarns stand seit jeher für das Repressive, Revanchistische, Inhumane. Die wenigen fortschrittlichen Versuche in der Geschichte des Landes wurden stets von den kirchlichen Mächten unterwandert. Der Klerus verhielt und verhält sich in Teilen rassistisch und antisemitisch. Wer außer den amtlichen Würdenträgern Ungarns wüsste nicht, dass die Kirche ein Synonym war für Korruption, Ausgrenzung, Verfolgung, Missbrauch, physische und geistige Folter, inquisitorische Unterdrückung, die, wenn auch über Umwege, zur Deportation der Juden führten. Die Bischöfe der katholischen Kirche stimmten im ungarischen Parlament für die ungarischen Judengesetze. Nach Auschwitz kollaborierten sie mit dem nächsten Regime, und nun mischen sie nach Kräften an der *ungarischen Sache* mit. »Was ist Christentum heute?«, fragt Imre Kertész in seinem Tagebuch. »Wenn wir Ungarn nehmen, eine leere politische Formel.«

Trotz seiner aufrichtigen Bewunderung für Prunk und Kitsch bewahrt sich das Volk den Traum vom eigenen Minimalkomfort, und auch trotz der Mahnungen Orbáns, für eine große Nation sei es doch sehr kleinlich, ständig nur an die Lebenshaltungskosten zu denken, das sei kein Ehrgeiz, der dieser Nation würdig sei. All die staunenswerten Nationalerzählungen vom Heldentum, all der überkommene Glauben daran, wo Geld und Macht zu Hause sind, muss auch die Wahrheit sein, können die Menschen nicht davon ablenken, dass sie ihre schäbigen Behausungen eigentlich renovieren müssten und sich, den ewigen Ruhm einmal beiseiteschiebend, mit fließendem Wasser waschen möchten. Sie wollen eine Heizung im Winter und nicht nur Speck mit Zwiebeln essen, sondern auch mal Pesto, wenngleich der Selbstgebrannte zu Speck und Zwiebeln nach wie vor nicht schlecht schmeckt. Sie würden angesichts der prächtigen Paläste, in denen Orbán & Co. residieren, lauter wildfremde Minister um den Ministerpräsidenten auf Zeit, die dir vorgeben, was du zu denken und zu fühlen hast, wie du leben sollst, gern wenigstens den eigenen verrußten Flur neu streichen, 77 Jahre nach Kriegsende.

Mitten im Christentum. Gegenüber vom Freiheitsplatz, im Zentrum von Budapest befindet sich die reformierte *Kirche der Heimkehr*. Hier wirkte der hohe Kirchenmann Lóránt Hegedüs, übersetzt Laurenz Geiger. Zwar ruht der rechtsradikale Makler der himmlischen Güte seit dem Jahr 2020 nun auf dem Friedhof, doch sein Geist ist in dem Gotteshaus nach wie vor lebendig. Parlamentsabgeordnete gehen gern in diese Kirche, manche von ihnen empfahlen den Fernsehzuschauern, den Predigten von Hegedüs unbedingt beizuwohnen, diesem bedeutenden Ungarn und Christen, der sich um die ungarische Seele sorgte. Um dieser Seele Gutes zu tun, ließ er 2013 eine Bronzebüste von einem auffallend vital wirkenden Horthy rechts vom Eingang seiner Kirche der Heimkehr aufstellen. Die Feier anlässlich der Enthüllung dieses Kunstwerks erlangte die Bedeutung eines Staatsaktes, nur die rund dreihundert Protestierenden mit den gelben Sternen an der Brust störten die Andacht. Doch ihre Rufe »Schande« und »Nie wieder« verhallten im Wind und in der behördlich angeordneten Entfernung, ohne zu Horthy durchzudringen. Die Kirche der Heimkehr befindet sich mitten im historischen, mitunter hysterischen Zentrum der Hauptstadt, das Parlament ist bloß einen Katzensprung entfernt, der neoklassizistische Bau der »öffentlich-rechtlichen« Rundfunk- und Fernsehanstalt liegt nebenan am Freiheitsplatz – vor diesem Gebäude hatte Orbán als Oppositionsführer 2006 den Mob zu einem Putsch gegen die damalige sozialdemokratische Regierung aufgehetzt, der zum Glück verhindert wurde, gegen jene Regierung, die Ungarn 2004 in die Europäische Union geführt hat. Hegedüs predigte im fast immer vollbesetzten Gotteshaus, in flüssigem, sauberem Ungarisch, voll kontrollierter Leidenschaft für Gott und die Welt, darin der Mensch. Im Gedächtnis geblieben ist auch die den Gläubigen offerierte Idee zum Ende einer Predigt, dass sie sich bitte einmal der Frage zuwenden mögen, ob man nicht Gas in die Budapester Synagoge leiten sollte. Für sein Lebenswerk erhielt Hochwürden die Auszeichnung »Goldmedaille der ungarischen Nation« des Weltverbands der Ungarn, einer Organisation, die auch das Wochenblatt *Demokrata* unterstützt. Stets liegt ein Stapel *Demokrata* im Vorraum der Kirche der Heimkehr aus, das Blatt mit dem Hochglanzcover versteht sich als Nachkomme des *Stürmer* und steht für Diffamierung, Zynismus und Hass auf alles, was sich im In- und Ausland demokratisch gebärdet. Die Zeitung agitiert für die Regierung und verschont niemanden, der es wagt, ihrer Politik Menschlichkeit entgegenzusetzen. Ein Blatt, das Orbán jenen im Land empfiehlt, die die Wahrheit wissen wollen.

Tröstliches aus dem Ausland. Glaube, Liebe, Hoffnung für jeweils ein paar Minuten finden sich auf CDs und in Clips aus England, den USA und von Paolo Conte aus Italien, und wer keinen CD-Player oder Internet, aber ein Radio hat, verfolgt die Musiksendungen vom ORF 3 des österreichischen Rundfunks, der die Zuhörer verlässlich mit wirklich guten Songs aus den 70er und 80er Jahren versorgt, Songs aus den 90ern hingegen nur nach sorgfältiger Auswahl. Denn da brach, als habe es eine Initialzündung gegeben, eine global eskalierende Selbstsucht als angeblicher Protest aus, die bis heute andauert, im Großen und Ganzen unbrauchbare hektische Mixturen und Kopien mit viel destruktivem Krach und aggressivem Geheul von Softies.

Dem strapazierten Gemüt spendet die moderne Klassikerin Suzi Quatro viel Trost, Bonnie Tyler versetzt die Seele in Wallung, Blondie singt direkt ins Herz der zwanzig- und dreißigjährigen Frauen und Männer. Annie Lennox mit ihrer kühnen, intelligenten Poesie in der schönen Mischung von Wunschwelt und integrer Verzweiflung. Paolo Conte und Serge Gainsbourg erreichen natürlich nur eine kleine intellektuelle Minderheit, und der späte Leonard Cohen, ähnlich wie der späte Bob Dylan, beide ganz philosophisch und mehr sprechend als singend, macht klar, was es heißt, das Leben ernst zu nehmen. Vor allem ihrer aller Aufrichtigkeit und Gradheit, Hingabe, strahlende Leidenschaft, singend der Welt zuzusprechen, ihre vollkommene Authentizität besticht. Dinge, die es im Land der Ungarn nicht gibt. Die Perfektion der Komposition und der Darstellung, beides keineswegs um der Perfektion und des darstellerischen Glanzes willen, sagt nur duldsam und reinen Herzens: *wir leben, wir lieben.* Die winzigen Wellen, in denen Engagement und Depression musikalisch fein abwechseln, ergänzen das Glück, von dem eigentlich die Rede ist, dem Glück, dass es uns gibt, und das ist eine Chance, die man besser nicht verspielt. Diese Momente machen Mut, lösen Euphorie aus für die kurze Dauer des Songs, auch dann, wenn man des Englischen nicht mächtig ist, die Stimme, die Melodie durchdringt Haut und Knochen trotzdem. Und wenn es zu Ende ist und die Wirkung nachgelassen hat, was ganz schnell gehen kann, renkt sich alles wieder ein, und manchem wird angesichts der tatsächlich deprimierenden politischen Pornographie der öffentlichen Hand richtig übel. Die Euphorie ist verflogen, man wird wieder mutlos, und um neuen Mut zu schöpfen, wendet man sich dem Pendant der Staatspornographie zu, nämlich der privaten. Wer über Internet verfügt, wechselt also zum naheliegenderen Porno aus Dänemark, Holland oder der Schweiz, es ist das bessere Politikum, merkantile Drehmomente, gnadenlose Umschlagplätze. Das macht aber nichts, man wird doch noch abstrahieren dürfen, mal am Ausland schnuppern, *yes I will feel, give me one moment in time*, vielleicht am japanischen, das wirklich etwas von Echtheit, Filmästhetik, Begegnung, Anziehung und erotischer Befriedigung zu wissen scheint. Einen ungarischen Porno erlebt der ungarische Zeitgenosse als ungenießbar, den sieht er den ganzen Tag auf Straßen, Plätzen, im ungelüfteten

Operettenhaus namens Parlament, und wie Frau und Mann da in diesem seelenlosen und unsagbar schlecht inszenierten Streifen über die Fleischlichkeit agieren, in ihrem gymnastischen und unsportlichen Ehrgeiz – ganz schlechte Technik und ebensolche Technik zwischen den mit dreißig schon verbrauchten Geschlechtern –, selbst unkundige Paviane würden verständnislos den Kopf schütteln und augenblicklich auf Rugby umschalten.

Die Veranstaltung sich ertüchtigender Körper wird mittendrin unterbrochen, es tritt der Staatspräsident mit Kokarde am Revers und mildtätigem Blick vor die Kamera. Er wispert warnende Worte über die Gefahren solcher *Darbietungen* in die Wohnzimmer seiner Landsleute, und statt hier in der Sache gute Tipps zu geben, jammert er die Landsleute an, jene, die sich noch nicht ganz aufgegeben haben und vor dem Computer lebensentscheidende Ereignisse verfolgen und nach dem Abgang ihres Staatspräsidenten wieder von vorn anfangen müssen. Wer diese ordinäre Übung der seltsam Talentlosen mitverfolgt, hat genug vom Tag und vielleicht vom ganzen Leben. Parallel wird einem wieder bewusst, dass die Talentierteren sich ins Ausland abgesetzt haben, nicht nur Ärzte, medizinisches Personal, Facharbeiter und Babysitter, auch viele Fähige aus der Pornobranche. Ungarn stellt übrigens das größte Kontingent an Prostituierten für Westeuropa, sie verdienen ihren Lebensunterhalt in Brüssel, Basel, Berlin, Bologna, Bordeaux und Brighton. Man kann sich also betrinken und sich schlafen legen, um am nächsten Tag alles wieder neu anzugehen. Morgen ist Donnerstag, und dann ist der Sonntag nicht mehr weit.

Ende. Die Bauern in Westeuropa wurden von ihren feudalistischen Lasten Schritt für Schritt befreit und erhielten die Chance, Pächter oder Grundbesitzer zu werden. In Ost- und Mitteleuropa hingegen wurde der Druck auf die Bauern noch erhöht und eine sogenannte zweite Periode der Leibeigenschaft eingeleitet. Es bedurfte institutioneller Maßnahmen, um die Leibeigenen vom Status der Untertanen allmählich zu befreien. Im Nachgang der Revolution von 1848 war es dann so weit, die Bauern in Ungarn kamen teils zu Vorteilen, teils zu Nachteilen. Nominell wurde die Leibeigenschaft zwar aufgehoben, befreit wurden die Leibeigenen jedoch nur von den durch die Feudalherrschaft auferlegten Abgaben. Sie begrüßten diese Wende, nun seien sie freie Bauern, ihre eigenen Herren, keine Untertanen mehr, dachten sie. Und formal stimmte das auch, sie mussten ihre täglich sechzehn Stunden nicht mehr für die Herren verrichten. Was sie jedoch übersahen, war, dass sie für ihre Freiheit horrende Summen zu entrichten hatten, direkt an die Gemeinde und indirekt, durch Steuern, an den Staat. Die Ablösesummen raubten einer ganzen Bauerngeneration die Lebenskraft. In den dreißig Jahren nach der Verkündung ihrer Befreiung stieg das Lebensniveau der Bauernfamilien nicht, sondern sank. Diejenigen Leibeigenen, die bei Gutsherren lebten und arbeiteten, sollten Land zur eigenen Bewirtschaftung erhalten. Dieser Prozess zog sich jedoch bis 1920 hin, die Entschädigung der Herren durch den Staat wurde erst dann abgeschlossen. Die Leibeigenen, die in allodialen Ländereien tätig waren, wurden zu mittellosen Bauern. Im Endeffekt erlangten bei dieser Reform, die umfassend sein sollte, 44 Prozent der ehemaligen Leibeigenen den Status eines Bürgers mit ein wenig Landbesitz, die anderen ehemaligen Leibeigenen, 56 Prozent, wurden zu besitzlosen Tagelöhnern. Auch ihre Nachfolger bewegen sich auf äußerst unsicherem Terrain. 170 Jahre später, heute, liegt der Anteil der im Elend dahinvegetierenden mittellosen Bevölkerung nach statistischen Angaben bei 30 Prozent. Die Gruppe der Überflüssigen; das sind jene, die wir nicht mitnehmen können, wir müssen sie, realistisch betrachtet, hinter uns lassen, so hatte nach dem letzten Wahlsieg Orbáns unmissverständliche Warnung an die Öffentlichkeit gelautet. Er sagte dies, als spräche er von einem gewonnenen Fußballspiel, mit dem Unterschied, dass diese Ansage im Gegensatz zu einem Spielergebnis nicht notwendig wahr ist, sondern zutiefst zynisch. Sie richtete sich vor allem an die Adresse der Wohlhabenden und der befreundeten Oligarchen, mit denen gemeinsam er sich von jeglicher sozialen Verantwortung lossagt. Natürlich verbreitete sich die Ansage in kürzester Zeit auch im Rest der Bevölkerung, und so fragten sich viele, ob sie schon zu den 30 Prozent gehörten oder noch nicht. Angst ging um, wahrscheinlich sogar Panik ob dieser spontanen idiotischen Entladung. Man kann Orbán nur beglückwünschen, dass er so elegant weiteren Boden gutgemacht hat, die allgemeine Abhängigkeit von dieser Regierung noch weiter ausgebaut hat. Ein neuer, kräftiger Schub zugunsten der Festigung und Stärkung der Macht. Zugleich hat er Zeit gewonnen, kann den Moment abwarten, da er den Finger hebt und auf jene zeigt, die zu den 30 Prozent gehören. Die dann möglicherweise schon 40 Prozent sind.

Erkennungsdienstliches Moment. Es scheint, als hätten im Lauf der Zeit Orbán, den Wirklichen, nur wenige erkannt. Einer von diesen Wenigen war ein Türsteher in Montreal, der vor dem Saal eines modernen Prachtbaus stand, in dem ein Staatsempfang stattfand. Orbán war dem Anlass entsprechend gekleidet, Anzug, Krawatte, frisch gewaschenes Hemd. Am Revers seines Sakkos leuchtete eine Kokarde in den ungarischen Nationalfarben. Er war der erste unter den Politikern in der Welt, der sich in unseren überaus modernen Zeiten eine Kokarde ansteckte, ein Symbol nationalrevolutionärer Momente. Später besannen sich auch andere auf diese Idee, von der man meinen könnte, sie wäre etwas aus der Zeit gefallen; früher einmal hatte die Kokarde, die von treuen Ehefrauen und Töchtern genäht wurde, bevor ihre Herstellung industriell vonstattenging, ein Riesengeschäft, dem Zweck gedient, die Einigkeit des Volkes im revolutionären Kampf gegen seine Unterdrücker zu demonstrieren, wie beispielsweise 1789. In der Folgezeit erlangte das Abzeichen militärische Bedeutung, vorzugsweise während der napoleonischen Kriege, auf die andere Kriege unter anderen Zeichen und Abzeichen folgten. Sich eine Kokarde anzuheften, war auch an nationalen Gedenktagen üblich. Nach 1945 trugen sie die Eisenbahner der Deutschen Reichsbahn in der DDR auf ihren Dienstmützen. In Ungarn sind inzwischen auch Kinder dazu angehalten, sie auf dem Schulhof zu tragen, jeder Tag ein nationaler Gedenktag, schon ab sechs Jahren. Getragen wird sie auch von Parlamentsabgeordneten auf ihren irgendwo hervorgekramten Trachten, der einstigen Sonntagskleidung von Landvolk und Kleinadel im 19. Jahrhundert. Besserverdienende lassen sich ihre Trachten freilich neu schneidern. Wer sich mit der Kokarde schmückt, ist definitiv mehr Ungar als der, der sie nicht besitzt oder nicht zu brauchen glaubt.

Orbán war nun drauf und dran, den Saal in Kanada zu betreten. Der Türsteher verwehrte ihm jedoch den Einlass und teilte ihm höflich mit, zum Bankett seien Chauffeure nicht zugelassen. Schon Kafka hat uns gewarnt, dass Türsteher weise und allwissend sein können. Und der ungarische Ministerpräsident mit dem Führer-Schein in der Brusttasche kam nicht an die Sandwiches ran.

An einem Freitag in Budapest. Es ist Freitag, der Mann will in die Synagoge, nach siebenundzwanzigjähriger Abstinenz. Eine Kippa besitzt er nicht mehr oder er findet sie nicht im Schrank. Doch ist es noch vor vierzehn Uhr, er kann noch eine Kippa kaufen gehen. Um achtzehn Uhr dreißig betritt er die Synagoge, ohne jede Kenntnis eines Gebets oder Rituals, was ihm nichts ausmacht, er will nur da sein. Nicht aus Überzeugung, noch weniger aus religiösen Gründen, um Gottes willen, sondern einfach nur so, sagt er sich. Warum war er hergekommen? Aus Langeweile vielleicht, oder um bei sich in aller Stille zu erfahren, ob er die *innere Melodie* noch hören könne. Er weiß es nicht genau. Doch jetzt, hinten zwischen den Bänken stehend, blitzt ihm plötzlich die Erklärung auf: Er ist hierhergekommen, weil er wissen will, ob er anschließend nach Verlassen der Synagoge an einer hellen oder dunklen Straßenecke erschlagen werde oder nicht. Diese Erkenntnis beruhigt ihn, wenigstens fürs Erste, er greift zum Buch auf der Ablage, schlägt es auf. Die Schrift sagt ihm nichts, sie ist hübsch, interessant, rätselhaft, er behält sie im Auge, blättert herum ohne Neugier, murmelt vor sich hin, ohne zu verstehen, was er murmelt. Beim Hinaustreten aus der Synagoge nach dem Gottesdienst eine Stunde später blickt er nach links und nach rechts, nichts Verdächtiges. Er macht sich auf den Weg nach Hause, zu Fuß, wie es die Vorschrift will, die ihm nach all der Zeit wieder eingefallen ist. Eine halbe Stunde, nicht die Welt, ein Spaziergang, für den er die dunkelsten Straßen der Stadt wählt. Nichts.

Zu Hause angekommen, schenkt er sich einen Whisky ein, nippt daran, setzt sich in seinen bequemsten Sessel und sagt sich: Ich halluziniere nicht. Ich bin nicht erschlagen worden.

Essentielles. Nr. 49. Alle vier Jahre kommt es zu dem Tag, der manchmal eine ganze Woche anhält, an dem die Roma zu staatlich anerkannten Menschen werden. Agenten der Regierungspartei besuchen sie in jenen speziellen Landstrichen, in denen die Romabevölkerung stärker als anderswo präsent ist. Sie sehen sich an, was da zu sehen ist, finden die Lebensweise vielleicht auch romantisch, sie wollen was trinken mit ihnen, unter dem Eisenofenrohr, das durchs kaputte Dach in den Himmel qualmt. Gekocht werden muss ja, keine Frage. Machen ein Foto mit der Polaroidkamera und schenken es der Mutter, die ihr Baby stillt, fotografieren auch die hellgrünen, ockerfarbenen und roten Wände, diese bunte, pastellfarbene Welt. Die Tür zur Hütte steht offen, es ist fast schon sommerlich warm. Manchmal gibt es keine Tür, sondern ein mit Industriewatte geglättetes Wellblech, und wenn der Sommer sehr heiß wird, kann man es gegen einen Baum lehnen, dann hängt da ein Tuch gegen die Fliegen. Auch das eine oder andere Jesus-Kreuz an den Wänden ist interessant, man ist Christ, darauf kann man anstoßen. Viele Roma sind Christen, aber sie gehen nicht in die Kirche, da werde man belogen und betrogen. Ihr Glaube ist wie ein unfreiwilliger ironischer Beitrag zum Christentum. Dass hier alles so *ursprünglich* ist, wissen die Besucher, sie sind nicht das erste Mal da. Interessante Menschen, in diesem Provisorium, mit ihren ausgefallenen Eigenschaften, ihrer Leichtigkeit, gleichzeitig da sein und nicht da sein, gleichzeitig haben und nicht haben. Besitz interessiert sie wohl nicht. Flexible Leute. Sie scheinen an nichts zu hängen, wenn sie so dasitzen und dastehen, gucken, warten, abwarten. Körperlich topfit anscheinend. Was für hübsche Kinder! Barfuß steht ihnen. So pittoresk das alles hier auch ist, tauschen möchten die Besucher dann lieber doch nicht.

Das Elend der Roma in Ungarn ist so beständig, so bedrückend, dass es kaum passende Worte dafür gibt. Wäre es ein Dokumentarfilm, schwarzweiß, ganz pur, man könnte denken, es sei der erste cineastische Versuch von Jean Vigo, Menschen in den Dörfern von Aquitanien vor hundert Jahren zu filmen. Ein Stummfilm, der keine Worte braucht.

Gelegentlich werden die Männer zu einer Hochzeit oder Geburtstagsfeier in den umliegenden Dörfern eingeladen, sie spielen stundenlang ihre Musik, in den Verschnaufpausen dürfen sie sich zu den Gästen dazusetzen, zu den Köstlichkeiten greifen. Zu ihrem Repertoir gehört auch der eine oder andere Satz aus dem Zigeunerbaron, virtuos vom Sextett gespielt; sie nennen sich selbst *cigány* – Zigeuner – und wollen so bezeichnet werden, für neue Bezeichnungen für ein und dasselbe haben sie nichts übrig, und es käme ihnen absurd vor, wenn der Zigeunerbaron plötzlich Romabaron hieße. Am Ende des Tages bekommen sie Geld für ihre von Kind auf erlernte Arbeit.

Vor einiger Zeit beklagte sich Peter Nádas in einem Essay darüber, dass seine Landsleute immer auf Gerechtigkeit pochten, jedoch nicht auf das Recht. Vielleicht ging er dabei von rechtsstaatlichen Normen aus, von einer demokratischen Verfasstheit, die in Ungarn selten bestand und heute nicht besteht. Die von der Regierung unter Orbán neu aufgesetzte Verfassung legalisiert die Autokratie, schreibt das Recht vielfach in Pflicht um, dem Staatsbürger wird Bringschuld auferlegt. Etliche Einsprengsel sakralen, pseudoreligiösen Abrakadabras haben nun Verfassungsrang, und mit ihnen die ewige historische Unschuld und das Opfertum Ungarns. Auch die festgeschriebene Ungerechtigkeit gegenüber Minderheiten nimmt in diesem Grundgesetz einen prominenten Platz ein, ganz davon abgesehen, dass es den offenen Bruch mit der Verfassung der Europäischen Union bedeutet. Der Protest der EU gegen die inzwischen zehn Jahre alte neue Verfassung ist leiser geworden, ganz verhallt ist er jedoch noch nicht. Auf Anordnung liegt die Verfassung überall aus, in Betrieben, Institutionen und Ämtern, in Schulen, Kindergärten, wo auch immer. Sie hat ein von Angst und Größenwahn entstelltes Gesicht, eingeigelt nur in sich selbst, Tand aus abgelebten, verwaisten Epochen, Friedhofsgeschichten, ein Dokument zielloser Lebensferne, eine Kundgebung der Angst vor aller Zeitgenossenschaft, die diese Verfassung zu leugnen, lächerlich zu machen versucht.

Die Buchstaben des Strafgesetzbuches sind zwar starr, das Recht an sich aber ist beweglich, das Gesetz juristisch verschiedentlich auslegbar. Wie oft schon ist man vor Gericht und von anderen staatlichen Organen um sein Recht gebracht oder trotz nachgewiesener krimineller Vergehen freigesprochen worden. Und selbst in »normalen« Zeiten konnte sein Recht vor allem derjenige wiederherstellen, der sich einen teuren und raffinierten Anwalt zu leisten vermochte. Wer mittellos ist, zudem entrechtet – auf welches Recht soll er pochen. Oft genug kann man bei Gerichtsverhandlungen erleben, dass der eigene Anwalt eher den Buchstaben des Gesetzes vertritt als seinen Mandanten. Unrecht ist eine stabile Komponente des Rechts. Dem entrechteten Juden war es nicht eingefallen, im Gesetzbuch zu blättern. Durch das im Juni 2021 beschlossene Gesetz, das vorgeblich die Thematisierung von Homosexualität gegenüber Minderjährigen verbietet, kann sich keine Frau mehr, die Frauen liebt, kein Mann, der Männer liebt, vom Recht geschützt sehen. Eigentlich betrifft es den Liebenden überhaupt, der von der Wahrheit und der Autonomie der Hingabe an den anderen ausgeht. Die Entrechtung der Romabevölkerung in den Siedlungen ist allumfassend, schon die Kinder werden in Kindergärten und Schulen selektiert und in Sonderklassen gesteckt. Sonderbehandlung. Den Roma in Ungarn würde nur das Wunder der Gerechtigkeit zu einer akzeptablen Existenz verhelfen. Zwischen Rechthaben, im Recht sein und Rechtsprechung liegen Abgründe. Gerecht sein. Das ist keine kindische Erwartung, keine prinzipiell leere Hoffnung. Eine Veränderung der Verhältnisse ist vorstellbar. Ein Recht darauf, von Rechts wegen wird es sie jedoch nicht geben. Täglich sieht man Bilder von misshandelten, verfolgten Menschen, die ihre Unschuld in die Welt hinausschreien. Welches Recht sollte das sein, das ihnen zusteht, sei es auch auf dem Papier unmissverständlich formuliert? Oder meinte Péter Nádas das Recht auf ein Leben in Frieden, auf Freiheit, Wohnen, Arbeit, Geld, einen sicheren Lebensunterhalt? All das wäre eine gerechte Forderung, nur dass sie in einer Welt ohne Sinn für Gerechtigkeit mehr einem Traum gleicht.

Zu seinem Bedauern mache in unserer Demokratie nicht jeder von seinem Wahlrecht Gebrauch, erörtert der amtierende Parlamentspräsident bei einer Veranstaltung. Dieser Mangel könne behoben werden, indem der Staat ihnen das Wahlrecht abkaufte – in Höhe des Mindestlohns etwa. Diese originelle Idee weiterspinnend, rechnet er dem Volk vor: Eine für ungarische Wahlverhältnisse hohe Wahlbeteiligung bedeute, dass rund fünf Millionen von den acht Millionen Wahlberechtigten zur Urne gingen. Über den Daumen gerechnet, ergäbe sich, wenn man die Zahl der notorischen Nichtwähler dergestalt honorierte, eine Gesamtsumme von etwa achtzig Milliarden Forint, knapp dreihundert Millionen Euro. Sie aus den Töpfen der Europäischen Union zu finanzieren wäre freilich ungeschickt, man könne dies der EU gegenüber nicht elegant genug abrechnen, weshalb das so entstehende Loch in der Staatskasse über Steuern aufgefüllt werden müsse. Die Umsetzung dieses Plans – es gab schon wesentlich üblere Pläne, die umgesetzt wurden – würde nicht nur bedeuten, dass der Steuerzahler seine eigene Entmündigung auf direktem Weg selbst finanzierte, sondern auch, dass die Regierung ihr Herrschaftsmonopol auf lange, möglicherweise sehr lange Sicht verhältnismäßig günstig zementieren könnte. Denn man kann davon ausgehen, dass noch viel mehr Leute als die vom Staatspräsidenten hier kalkulierten ihre Stimmen zwecks Aufbesserung der privaten

Haushaltskasse durch 200 Euro bereitwillig feilbieten würden, selbst wenn sie diesen Betrag nur alle vier Jahre erhielten.

Die Diffamierung und Verachtung der Roma ist Kulturtradition. Sie ist ein bedrückendes privates und öffentliches Memorandum von lückenloser Kontinuität; ein altes, unheilbares Geschwür als Chiffre. Der Paragraph des Strafgesetzbuches »Gewalt gegen eine Gemeinschaft« bezieht sich auf den Schutz ethnischer Minderheiten sowie Homosexueller. Geht es tatsächlich um Angehörige dieser Minderheiten, gegebenenfalls gegen Roma, dreht die Justiz Sinn und Zweck dieses Paragraphs kurzerhand um. Der Mann hat sich gegen einen brutalen Angriff einiger magyarischer Menschen auf der Straße zur Wehr gesetzt. Da es um sein Leben ging, hatte er keine andere Wahl, als seine Fäuste einzusetzen, ein klassischer Fall von Notwehr. Das Gericht hingegen verurteilte ihn wegen einer rassistisch motivierten Tat gegen die Angehörigen einer Minderheit. Die Minderheit bildeten nun die Ungarn. Wehrt man sich gegen die Magyaren, wird daraus unverzüglich ein Verbrechen konstruiert. Der Mann wurde bestraft, als habe es sich um versuchten Totschlag gehandelt. (Das erstinstanzliche Urteil war letztinstanzlich, Berufung einzulegen war nicht möglich.) Weil es zynisch anmutete, sollte man die Roma nicht fragen, ob sie fortan an Recht und Gerechtigkeit glaubten.

Es löste keine Empörung aus, als ein vor Überzeugung strotzender Parlament-Arier, ein Vorbote der Katastrophe, vor Jahr und Tag sich zu Wort meldete mit der Forderung, die Kollegen Abgeordneten jüdischer Abstammung mögen bitte ihre Identität offenlegen – die gängige These im Parlament lautet: *politische Haltung: Jude* –, denn Kosmopoliten seien eine Gefahr für System und Gesellschaft, außerdem sei ihnen die unantastbare Würde der heiligen ungarischen Krone, so steht es in der neuen Verfassung, bekanntlich gleichgültig.

Bald darauf trat auch der Vizepräsident des Komitees für Historische Gerechtigkeit mit einem weiteren Geistesblitz ins Bild und titulierte die im Parlament sitzenden Sozialdemokraten und Liberalen als »Menschen mit der besonderen Physiognomie, Bazillenträger der Diktatur«. »Historische Gerechtigkeit«, das mutet an wie der Name der geschlossenen Abteilung einer psychiatrischen Klinik, wo ein Komitee von Insassen die Geschichte murmelnd auffordert, die falschen Toten herauszugeben und die Tötung der Richtigen zu veranlassen.

Der erste Mensch, der sich als Kosmopolit bezeichnete, war Diogenes. Diogenes, Philosoph und Weltbürger. Kosmopolitismus, Weltbürgertum ist eine politisch-philosophische Weltanschauung, der Gegensatz von Nationalismus und Provinzialismus schlechthin. Jahrhunderte nach Diogenes wurde die kosmopolitische Auffassung zum Grundpfeiler der Aufklärung; Kants Essay »Zum ewigen Frieden« legte ausgehend von dieser Weltanschauung und den Ideen der Aufklärung den Grundstein für eine Rechtsphilosophie. Stalin sah im Weltbürgertum eine Bedrohung der kommunistischen Gesellschaft, wurzellose

Kosmopoliten schädigten sie, seien ihr gefährlichster Feind. Nicht nur der forsche Abgeordnete im Budapester Parlament und der Vizepräsident für Historische Gerechtigkeit, sondern die gesamte politische Riege haben nicht begriffen, dass soeben ein Plädoyer für Stalin gehalten wurde. Es darf erwähnt werden, dass Kants Ideen und die kosmopolitischen Ideale der Aufklärung zur Allgemeinen Erklärung der Menschenrechte nach dem Zweiten Weltkrieg geführt haben.

Christoph Martin Wieland hat vor 200 Jahren die schöne Formel geprägt: Die Kosmopoliten betrachten alle Völker des Erdbodens als ebenso viele Zweige einer einzigen Familie und das Universum als ein Staatsgebilde, worin sie wie die unzähligen anderen vernünftigen Wesen Bürger sind, um gemäß den allgemeinen Naturgesetzen die Vollkommenheit des Ganzen zu befördern, jeder nach seiner besonderen Art und Weise für seinen eigenen Wohlstand sich einsetzend.

Mann ist Mann, straffte sich der stadtbekannte rassistische Polizist in Miskolc und nahm einen Tag frei vom Rassismus. Miskolc mit seinen 176 000 Einwohnern im Nordosten ist die drittgrößte Stadt Ungarns, halb so groß wie der Bezirk Neukölln in Berlin. Ein ansehnliches Rathaus aus dem 18. Jahrhundert, Theater, eine griechisch-orthodoxe Kirche mit einer wunderbaren, sechzehn Meter hohen Ikonostase, etliche Jugendstilgebäude. Sonst seit dem Zusammenbruch der Industrie nach der Wende viel Verfall. Rundum eine Postkartenlandschaft mit Bergen und Seen, aus den Wasserwegen der Hochebene wird das Trinkwasser für eine halbe Million Menschen in der Umgebung gewonnen. Es gibt Schluchten und Höhlen, eine der tiefsten heißt Ziegenloch. Darin fand man unlängst eine 45 000 Jahre alte Knochenflöte, was die hiesigen Ungarn in ihrer Gewissheit bestärkte, so lange schon hier ansässig zu sein. Skipisten, Klosterruine, Zisterzienkirche, Burgruinen, Schmalspurbahnen schmücken die reiche Landschaft, periodisch aktive Quellen voller Forellen und ein, wie sich Ortskundige erzählen, weltberühmter Wasserfall, der stolzeste des Landes, der zwanzig Meter misst. Doch auch dieses Wasser fällt nicht von unten nach oben. In Miskolc herrscht weitgehend Armut, die Ärmsten unter den Armen sind die Roma, die in den Außenbezirken leben. Man hat sie an den Rand gedrängt, andere zogen nach, sie bilden die größte Minderheit in der Stadt. Nach etlichen Pogromen mit tödlichem Ausgang gegen Roma in anderen Landesteilen, Kinder, Mütter, Väter wurden getötet, steckte ihnen der erwähnte Polizist zu, dass Übergriffe auf sie bevorstünden. Auf polizeiliche Schutzmaßnahmen, die man ihnen bisher auch nicht gewährt hatte, wollten sie sich nicht verlassen; der Polizeipräsident der Stadt hatte sich mehrfach dahingehend geäußert, dass hundert Prozent der Straftaten von Roma ausgingen. Die Roma verlegten sich auf Selbstverteidigung und statteten sich mit allem aus, was zur Hand war, mit Stöcken, Knüppeln. Um ihre Familien zu schützen, stellten sie Patrouillen auf. In dieser von Panik geprägten Stimmung – von der Auslöserin der Panik, der Polizei, keine Spur – fuhr ein Wagen mit drei ortsfremden Personen im Schritttempo durch das Romaviertel. Die elf patrouillierenden Roma traten heran, warfen Steine, schlugen die Windschutzscheibe ein. Zwei der drei Insassen erlitten leichte Verletzungen, am Fahrzeug entstand ein Sachschaden von rund vierhundert Euro. Das Beweisstück, aufgrund dessen der nächtliche Vorfall vor Gericht nicht lediglich als Landfriedensbruch und Körperverletzung geahndet wurde, sondern als Gewalt gegen eine Gemeinschaft, war ein Stock. Man hatte ihn in der Nähe gefunden. Angeblich war in den Stock »Tod den Magyaren« eingeritzt gewesen. Der Frage, ob die Männer im Auto Schusswaffen mit sich führten, wurde indes nicht nachgegangen. In ihrer Urteilsbegründung erklärte die Richterin, der Fall sei als klarer Übergriff gegen die Gemeinschaft der magyarischen Bevölkerung zu werten. Wegen rassistisch motivierter Gewalt wurden die elf Roma zu insgesamt einundvierzig Jahren Haft verurteilt.

Die Arie ist längst noch nicht abgesungen. Die Gelegenheit ist nach wie vor günstig, missliebige Personen in die Gosse zu treten. Die Kampagne gegen George Soros, Amerikaner, Kosmopolit, letztlich doch Jude ungarischer Abstammung, wütet seit Jahren ungebrochen. Schmähschriften über ihn kursieren weiterhin, sein zur Fratze verzerrtes Porträt prangt seit den Flüchtlingsbewegungen 2015 an Hauswänden, neben Autobahnen und Landstraßen, ähnlich den großen Werbeplakaten von Shell und Ikea. Manchmal ist er allein dargestellt, manchmal in Gesellschaft führender Sozialdemokraten, die inzwischen jedoch nur noch eine marginale Rolle spielen. Die Plakate inszenieren ein freudiges Beisammen dieser Personen,

Vorboten der Opfer, der knappe Schriftzug darunter verheißt: Die sind drauf und dran, Ungarn zu islamisieren. Eine Absurdität, schlimmer noch, die vollkommene Ignoranz weltweiter Not. Anlässlich der Entwicklungen in Afghanistan und anderswo ist zu befürchten, dass die Kampagne bald in noch schärferer Form geführt wird. George Soros wird das nicht unbedingt tangieren. Im Laufe seines Lebens hat er sich vermutlich die nötige Resistenz angeeignet. Doch der Gedanke daran, was die restlichen Juden in Ungarn von dieser brutalen Werbekampagne gegen ihn halten sollen, geht ihm bestimmt durch den Kopf. In welcher Weise hat er Ungarn geschadet? Er hat den Ministerpräsidenten gefördert, damit dieser seinerzeit ein anständiges Studium absolvieren konnte, hat Milliarden investiert in das Land, in Schulen, Universitäten und wichtige soziale Einrichtungen, in die Gründung einer internationalen Universität, in Kultureinrichtungen, in einzelne Kulturprojekte und in eine ganze Menge mehr. Übrigens nicht nur in Ungarn, sondern auch in anderen Ländern des ehemaligen Ostblocks. Nun ist er der Volksfeind Nummer eins in Ungarn. Intrigen und simple Lügen beeindrucken die Menschen über Gebühr. Es sind doch nur Juden. Der Ausdruck »dreckiger Jude« ist ein seit jeher etabliertes Schimpfwort, mit dem sich auch Nichtjuden belegen. In gewissem Rahmen genießen Juden außerdem einen internationalen Schutz, den sich hier niemand erklären kann und den man deshalb für die jüdische Weltverschwörung hält. Wie geht es bei alldem den in Ungarn lebenden ungarischen Juden? Was fühlen sie? Weckt die Kampagne Erinnerungen in ihnen, beispielsweise an die Geschichte ihrer Vorfahren? Interessiert sie überhaupt, wer Soros ist? Warten sie ab, bis es auch sie trifft? Sicher gibt es eine ganze Reihe von sogenannten jüdischen Mitbürgern, die von schlimmen Erinnerungen heimgesucht werden und die eine erste leise Welle der Angst verspüren. Die jüdische Gemeinde gemahnt zur Ruhe, verhaltet euch still, ihr Lieben. Auch dann, wenn ein Typ, der offensichtlich Jude ist, auf der Straße zusammengeschlagen wird. Das kommt vor. Jüdische Friedhöfe werden geschändet, Synagogen mit Hakenkreuzen beschmiert. Eines der Kinos rehabilitiert *Jud Süß*, diesen erbärmlich schlechten Film. Und doch gibt es auch jüdische Kulturtage, eine ganze Woche pro Jahr, es wird viel Klezmer gespielt, aber nicht nur. Filme, Lesungen. Eine jüdische Wochenzeitung, Quartal für Quartal erscheinen Zeitschriften. Was steht da drin? Wer liest sie? Der Konditorin im jüdischen Café steigen die Tränen in die Augen, wenn von Kertész die Rede ist. Warum, warum, fragt sie. Hatten wir des Leidens nicht genug? Ich mag seine Bücher nicht. Ich lese sie nicht. Andere lesen sie, und dann noch das ganze Ausland! Mir macht es Angst, die Geschichte macht mir Angst. Ich will das nicht, will diese Angst nicht. Warum das alles. Warum sollen wir den Zorn der anderen auf uns ziehen? Ich habe Mitleid mit Kertész, dass er von diesen Dingen sich nicht lösen kann, sagt die Konditorin koscherer Köstlichkeiten und geht unter Tränen zurück zum Backofen, zu den Torten. Viele ungarische Juden finden Kertész nicht gut. Mit welchem Recht war plötzlich einer aufgetaucht, Kertész, der sie daran erinnert, sagen sie sich, dass sie Juden seien und eine tragische Geschichte hinter sich hätten, die womöglich noch immer andauert. Davon möchten sie zurzeit nichts wissen. Warum in der Vergangenheit wühlen, wo doch alles so lange vorbei und überstanden ist. Erst kürzlich hat sich doch Orbán bei einer unserer Feierlichkeiten eine Kippa aufgesetzt! Bestimmte Vertreter der jüdischen Gemeinde haben sich von seiner ersten veröffentlichten Zeile an von Kertész distanziert. Wir sind nicht so, hieß es. Seine Geschichte ist nicht unsere Geschichte. Wir haben keine Zeit zu philosophieren. Unsere Einstellung zum Leben ist anders, wir sind friedlich, positiv, wir arbeiten hier, wir haben Kinder, wir kümmern uns um die Zukunft. Man lässt uns in Ruhe, und Kertész stört diese Ruhe. Ja, die Ruhe, sie ist wichtig. Doch Ruhe, geduldet werden und sich ruhigstellen ist nicht dasselbe.

Nun also waren die Stützen der Gesellschaft, die Wahlhelfer, sanftmütige Gesellen, in den Romasiedlungen angekommen, grüßten freundlich und packten hochprozentigen Schnaps und was zum Knabbern aus. Einige unter ihnen waren sonntäglich gekleidete Roma, das weckt Vertrauen oder lässt es gar nicht erst aufkommen, je nachdem, aber es spielte keine Rolle: Sie blieben, je nach Spendierlaune, ein, zwei, fünf Tage bei den Roma, die in dieser Zeit nicht mehr nüchtern wurden und zu der Meinung gelangten, die man von ihnen verlangte. Am Wahltag kamen dann die Lastwagen an, die Roma kletterten hinauf, man war ihnen beim Besteigen der Ladefläche gern behilflich. In den örtlichen oder entlegeneren Wahllokalen angelangt, mussten sie nur noch ihr Kreuz in die kleinen Kreise setzen, dort, wo die Helfer mit dem Finger hinzeigten. Viele der achthunderttausend Roma, Nachkommen jener, die seit dem 12. Jahrhundert in Ungarn lebten, waren plötzlich erreichbar. Sie wurden dann in ihre Siedlungen zurückgebracht. Anlässlich der nächsten Wahlen vier Jahre später würden die Helfer wieder zu Besuch kommen.

Gedenktafel

Geschichte ist nicht Teil des ungarischen Kulturverständnisses, es unterscheidet nicht zwischen Geschichte, die der politischen Verantwortung unterliegt, und Schicksal, auf das der Mensch keinen Einfluss hat. Witze über diese Absurdität gibt es zuhauf, ansonsten soll man einfach leben. Normales Zurücksinken. Manchmal liegt die Tiefe an der Oberfläche. Sándor Ferenczi, der angesehene Neurologe und Psychoanalytiker, ein Mitarbeiter von Freud, sagte einmal, er habe Ungarn verlassen, weil es dort nichts zu analysieren gäbe, die Psyche sei zu glatt. Und für die wenigen Fälle, die es natürlich gebe, schwere Fälle, sei es stets zu spät oder die Medizin noch nicht so weit.

Die politischen Verflechtungen zwischen Deutschland und Ungarn reichen tief in die Zeit zurück, und wenn sie mal lose waren, folgten Phasen, wo sie sich wieder verstärkten. So war es auch kurz vor der Wende 1989. Edmund Stoiber und Helmut Kohl lobten Ungarn als Kulturland – doch woher kannten sie es? Während der Nachkriegszeit unterhielt man eher spärliche Verbindungen aus rein wirtschaftlichen Interessen. Ungarn lieferte gelbe Paprikaschoten, im Gegenzug erhielt es moderne Schrauben für Nähmaschinen, die später nachgeliefert würden, und vor der Nachkriegszeit, zu Zeiten des Kriegs, gab es das ideologische und militärische Bündnis zwischen Hitler und Horthy. Nun, vor der Wende, lobten die Deutschen Orbán als aufrechten Demokraten, eine Tradition, die auch Angela Merkel fortführte, die ihm gegenüber all die Jahre Milde walten ließ. Vielleicht, weil der Fall des Eisernen Vorhangs, der Ungarn und Deutschland verband, auch für sie eine Wende bedeutete. Vielleicht genügte für die mütterliche Duldung seiner Exzesse auch die Ehrbezeugung Orbáns, der sich bei ihrem Zusammentreffen nach altem ungarischem Brauch vor ihr verbeugt und stets ihre beiden Hände küsst. Sie kannte sicher den Bericht, wonach Orbán bei einer Audienz nur eine Hand des Papstes geküsst hatte, wenngleich drei Mal, das ging durch die Weltpresse, vor allem weil der ihn begleitende damalige Staatspräsident, ein gewisser Pál Schmitt, noch bevor Orbán an der Reihe war, laut Protokoll achtundzwanzig Mal hintereinander dieselbe päpstliche Hand geküsst hatte, dieser Staatspräsident, ein ehemaliger Fechtweltmeister, den Orbán eingesetzt hatte, bis er ihn nach langem gemeinsamem Trott durch Stadt und Land schweren Herzens nach nur zwei Jahren Amtszeit entlassen musste. Schweren Herzens, weil dieser Staatspräsident alles, was man ihm vorlegte, unbesehen unterschrieb; es war bald nicht mehr möglich, die schon fast rührende Indolenz und Buchstabenresistenz des Degenfechters vor der Weltöffentlichkeit zu decken. Nun war Orbán leicht pikiert, schon wieder im Rückstand, da der Papst, Herr Ratzinger, der mit der Hitlerjugend in Ungarn gewesen war und sich also gut auskannte, seine Hand dem ergebenen Mund Orbáns so abrupt vor der versammelten Vatikanöffentlichkeit entzog. Es hat ihm wohl schlicht gereicht nach insgesamt einunddreißig ungarischen Handküssen unmittelbar vor dem gemeinsamen Dinner.

Wofür dankt Deutschland den Ungarn auf der Tafel am Reichstag, wo es doch die Angelegenheit selbst geregelt bekam und wozu es die ungarischen Kollegen lediglich als Statisten benötigte?

Hans-Dietrich Genscher aus Halle, der unverwüstliche Außenminister in jenen Jahren, FDP, hatte maßgeblichen Anteil am Sturz seines Koalitionspartners Helmut Schmidt und brach damit das Wahlversprechen, das seine Partei gegeben hatte – zu empfehlen ist hierzu die bis heute bewegende Gegenrede, die die großartige Hildegard Hamm-Brücher, ebenfalls FDP, damals im Bundestag hielt, zu erleben auf YouTube. Während sie spricht und den Kollegen eine Lehrstunde der politischen Rechtschaffenheit und des Anstands erteilt, rutscht Genscher auf seinem Sitz in der ersten Reihe mehr und mehr herunter. Später brachte sich Genscher wieder in Position, indem er, ohne sich mit seinen europäischen Partnern und den restjugoslawischen Gebilden zu besprechen, Kroatien als eigenständigen Staat anerkannte, was den Ausbruch des Jugoslawienkriegs eher beförderte als verhinderte. Zuvor nun, in jenen heißen Sommerwochen des Jahres 1989, da Tausende DDR-Bürger in Ungarn Ferien machten und viele von ihnen in der Botschaft der BRD in Budapest saßen und sich weigerten, in die DDR zurückzukehren, war Genscher der Lotse unmittelbar bevorstehender Großereignisse. Auch in Prag füllten werdende Bundesbürger das Botschaftsgebäude der BRD.

Wie sollten die Ungarn mit der Situation umgehen? Dass sie hier im Land verblieben, kam weder für die ungarischen Behörden noch für die Flüchtlinge aus der DDR infrage. Die DDR-Führung war nicht kommunikativ genug; um all die Menschen aus dem Land zu lassen, hätte es komplizierter Diplomatie mit Österreich bedurft, durch das sie nach Westdeutschland gelangt wären, und mit der Tschechoslowakei. Genscher half. Die Tage vergingen, die Uhr tickte, manchmal aber handeln Politiker erstaunlich schnell, immerhin winkte nun die Wiederkehr der alten Weltordnung. Der Grenzdurchbruch mehrerer tausend Ausreisewilliger war das Ergebnis einer keusch ausgehandelten Vereinbarung zwischen dem ungarischen, deutschen und österreichischen Staatsschutz und dem BND. Schließlich galt es, die bevorstehende Ausreise sauber zu organisieren und zu begleiten, Züge der Bundesbahn in Wien für die Durchfahrt bereitzustellen und so weiter, Aufgaben, denen die ungarischen Behörden niemals gewachsen gewesen wären, außerdem wäre es ihnen auch unmöglich gewesen, die Flüchtlinge durch Österreich bis nach Passau zu eskortieren. Mit der Unterstützung Bonns im Rücken trug der VDA, ein Verein für Deutschtum im Ausland, zur Lösung des inzwischen ganz Europa alarmierenden Problems bei, was später von damals aktiv Beteiligten bestätigt wurde. Die Inszenierung unter dem Titel *Paneuropäisches Picknick* mit ungarischer Wurst, österreichischem Bier und freudvollem Gesang auf Deutsch nach den rockig-romantischen Klängen der Band Karat musste einfach ein Erfolg werden. Eine wichtige Nebenrolle bekleidete Otto von Habsburg, der inzwischen verstorbene Sohn des letzten österreichisch-ungarischen Kaisers und Führer der katholischen Bewegung *Paneuropa Union*, und nun grinste auch er an der Grenze, die die sozialistische ungarische Regierung öffnete. Den ersten Schnitt am Metallzaun simulierte Außenminister Gyula Horn mit einer symbolischen, knapp einen Meter langen Scheren-Attrappe vor den längst postierten Foto- und Fernsehkameras.

Offizialitäten diesseits und jenseits des sich rasch lösenden Grenzzauns klatschten Beifall, sprachen in Mikrofone und in die Kameras mit zukunftsträchtigen Blicken ins Brachland, Österreicher, Deutsche, Ungarn, Militär. Das langersehnte Fest für Europa begann.

Doch die Geschichte lässt sich nicht hintergehen. Heute, gut dreißig Jahre danach, klingen die, die sich wohlwollend an den Festtag erinnern, wie Geschäftsführer von Bestattungsunternehmen, die ihre Skepsis gerade noch verhehlen können.

Dank – eine Nacherzählung

Bücher, dieses zumal, verdanken ihre Existenz einer Vielzahl von Stimmen, Texten, die mehr als nur lose Ermutigung bedeuten. Manche Texte haben die Eigenschaft, einen in die Pflicht zu nehmen. Schreiben bringt Schreiben hervor. Hier und da zu blättern, zu lesen hielt mich außerdem davon ab, noch mehr Seiten zum Thema Ungarn zu produzieren – ein Gewinn, wie ich im Nachhinein feststelle, denn das Buch wurde rechtzeitig fertig und strapaziert den Leser nicht zu lange.

Herauszuheben ist Hans Magnus Enzensberger, seine scharfsichtigen, mitunter ironischen Beobachtungen zu verschiedenen politischen Situationen im Laufe von vielen Jahren außer Acht zu lassen, wäre fahrlässig. Das bewegende Gespräch zwischen Jonathan Littell und dem Historiker Pierre Nora anlässlich des Buches *Die Wohlgesinnten* legt Gründe frei für Parallelen in aktuellen gesellschaftlichen Tendenzen.

Manchmal sind es einzelne Sätze wie diese Sentenz von Heiner Müller, die von wesentlichem Einfluss sind, wenn man sie sich einmal in den Kopf gesetzt hat: »Man kann nur noch von den Minderheiten aus denken. Gedacht wird nur noch an den Rändern, denn Bewegung gibt es nur noch von den Rändern aus. Man muss wie Kafka vom Punkt derjenigen aus denken, die selektiert werden.« Oder die von E.M. Cioran: »Heute habe ich über die Gita meditiert und nachts ein Bistro aufgesucht, um dort den modischen Gassenhauer zu hören, den ich so gernhabe, *Those were the days* von Mary Hopkin.« Und: »Ein Gedanke muss ätzen wie Gifttropfen.« Besonders verpflichtend war für mich der große W. G. Sebald. Ein Passus in diesem Buch bezieht sich direkt auf ihn, auf das Kapitel über Jean Améry in *Campo Santo*, wie auch das Kapitel »Il ritorno in patria« in *Schwindel. Gefühle*. Auf Markus Steinwegs erhellende Gedanken in *Metaphysik der Leere* stützt sich die eine oder andere Wendung in diesem Buch. Nicht zu schweigen von den maßgeblichen Beiträgen von Imre Kertész zur Weltlage und zur Lage der Nation, in der er lebte.

Weiterhin seien die Bücher erwähnt, die für meine Streifzüge eine Rolle gespielt haben:

Theodor W. Adorno, *Minima Moralia*, Frankfurt 1969; Samuel Beckett, *Erzählungen und Texte um nichts*, Frankfurt 1962; Jorge Luis Borges, *Kabbala und Tango*, Frankfurt/M. 1991; E.M. Cioran, *Der zersplitterte Fluch: Aphorismen*, Berlin 2019; Epikur, *Von der Überwindung der Furcht* und *Von der Gerechtigkeit und den anderen Tugenden*, München 1991; Hans Magnus Enzensberger, *Versuche über den Unfrieden*, Berlin 2015, *Die große Wanderung*, Frankfurt/M. 1994, *Mittelmaß und Wahn, gesammelte Zerstreuungen*, Frankfurt/M. 1988; Sigmund Freud, *Die Zukunft einer Illusion*, Frankfurt/M. 1974, Studienausgabe Bd. IX; Imre Kertész, *Die exilierte Sprache*, Frankfurt/M. 2003, *Eine gedankenlange Stille, bevor das Erschießungskommando neu lädt*, Hamburg 1999; Jonathan Littell und Pierre Nora im Gespräch im Begleitband

»Marginalien« zu *Die Wohlgesinnten*, Berlin 2008; Heiner Müller, *Jenseits der Nation*, Berlin 1991; George Orwell, *The Frontiers of Art and Propaganda*, London 1941; Jacques Rancière, *Die Aufteilung des Sinnlichen*, Berlin 2006; Nathalie Sarraute, *Zeitalter des Misstrauens*, Frankfurt/M. 1975; W. G. Sebald, *Campo Santo*, Frankfurt/M. 2006 sowie *Schwindel. Gefühle*, Frankfurt/M. 1994; Markus Steinweg, *Metaphysik der Leere*, Berlin 2010; Alexis de Tocqueville, *Über die Demokratie in Amerika*, Stuttgart 1986; Simone Weil, *Zeugnis für das Gute*, München 1990.

Das offizielle Regierungsportal kormány.hu bietet Einblick in das Geistesleben der ungarischen Regierung. Hieraus sind die Originalreden Orbáns entnommen (in meiner Übersetzung, L. K.). Außerdem lieferten die noch mehr oder weniger freien Internetportale index.hu und pusztaranger.hu unentbehrliche Informationen.

Inhalt